山田ヒロミ 濱田真由美
Hiromi Yamada Mayumi Hamada

〝朝3分書く〟だけで、もうあなたは幸せになっている

未来先取り日記

Magical Creation Diary

大和出版

49日後、
あなたにいいことが起こるのは
偶然ではありません。

朝、3分の時間を確保し、
一日1ページずつ順番に進めていきましょう。

・今日の日付を記入します。
・グレーで印刷されている文字をていねいになぞります。
・その週のテーマについて、
起こってほしいことを過去形で書きます。

これだけで、
あなたの無意識にある思考やイメージは、
あなたの望みをかなえる思考やイメージに
書き換えられていきます。

さあ、「未来先取り日記」で
新しい一日を始めましょう。

はじめに　あなたにも素晴らしいことが降り注ぐ

書いたことが現実になる日記が、もしあったとしたら？

「いつもうまくいく人」は、起こってほしい現実を自由に創り出しています。量子力学の観点からも解明されつつある、この「思考の現実化」は、あなたにもできます。

この本の共著者である山田ヒロミと濱田真由美が、実践しながら試して身につけたことを、なぞり書きするだけで自然とステップをふんで身につけていただけるようにした「未来先取り日記」を、あなたにお届けします。

なぜそうなるかは知らなくても〝実践編〟のなぞり書きをていねいにしていくだけで、あなたは「思考が現実化するフィールド」へいざなわれ、起こってほしい現実を創り出せるようになり始めます。

「未来先取り日記」は、過去の山田が、くじけそうな苦境をなんとかよい方向に反転させようと悪戦苦闘したことから生まれました。この経緯が経緯なので、Prologueにその経験を山田が書くことから始めます。

「未来先取り日記」は、普通の日記とは違う書き方をします。試しては工夫し、改善して発見していったコツを凝縮した、書き方や使い方のポイントを、Chapter1でお伝えします。

「未来先取り日記」に書いたことがなぜ現実になるのかが解明されていれば、あなたも実践してみたいと思っていただけるのではないでしょうか？

そこで、書いたことが現実になる理由や根拠を、科学的な研究結果を引用しながら、Chapter2で述べます。

「未来先取り日記」は、本になるまでセミナーで使うための手作り小冊子でした。

セミナー参加者さんに起きた奇跡のような体験談をプライベートのオンライングループで濱田がシェアしたところ、興味を持った人たちが小冊子で実践し始めました。そして、書いたことが現実になる体験をすぐにし始めます。Chapter3では、実践者の体験談と、なぜ現実化したのかをご紹介していきます。

そして、この本の要は〝実践編〟の「未来先取り日記」です。
あなたにすぐうまくいく体験をしてほしいので、本に直接なぞり書きや文章を書いて使い切っていただきます。その時に必要なのは「いい気分で書くこと」なので、気持ちよく書けるようにページが開く本にしました。
あなたが「未来先取り日記」に書いたことは、今日から現実化し始めます。

この本を手にとってくださったあなたと、この本を作るために協力してくださったすべての方に、素晴らしいことが軽やかに降り注ぎますように。

未来先取り日記　目次

Prologue

49日間なぞるだけの秘密 「未来先取り日記」ができるまで

Chapter 1

今日起こってほしいことは何？どんどん実現する「書き方」「使い方」

Chapter 2

どうしてこんなに効果が出るんだろう？　7週間に、あなたの脳と心に起こること

Chapter 3

こう書いたらこんなことが起こった!
人生が劇的に変わった7つの物語

プロデュース　山本時嗣
イラスト　やのひろこ
本文デザイン　山田知子（chichols）
ＤＴＰ　青木佐和子

Prologue

49日間なぞるだけの秘密「未来先取り日記」ができるまで

返しても返しても増えるばかりの借金5000万円

借金5000万円、財布には千円札が1枚と小銭だけ。離婚して無職、収入なし。7歳の子供を連れ実家へ帰ったものの、布団から起き上がれない日が続く……。

この本の著者のひとり、山田ヒロミには、苦境を好転させようと奮闘した時期が、過去にありました。

そんなどん底でも本当は、気づかないところで、希望の光は灯《とも》り続けていました。けれども、下を向いてうなだれるばかりだった私は、その光の存在に気づくことができず、幸せになるまでに、ずいぶん遠回りをしてしまうことになります。

ようやく顔を上げて、遠くにかすかに見つけた光のある方向へと迷わず進めたのは、「未来先取り日記」があったからでした。

なぜ、朝3分書くだけで、いいことがいっぱい起きるのか。激変するのか。先取りすることで、奇跡が起こるのか。

それをお伝えしようと思うと、どうしても「未来先取り日記」が誕生した当時を振り返り、思い出すことになってしまいます。とても辛かった時期で、もう忘れてしまっていたこと……。

*

お店の企画デザインや施工をしていた当時の夫は、友人を大切にする人で、たとえ過去に自分を騙《だま》したことがある人であっても、悪口を言いません。そんな彼のいいところが、裏目に出ます。

ある時、漬物屋、お菓子屋、マグロ屋……、知人からの紹介で、次々と数百万円から一千万円近くかかる店舗工事依頼が来ます。短期間に3件を紹介されることなど過去になく、唐突な感じがする新規顧客からの工事依頼。オーナーの話を聞いてみると、なんというか……、他人事を話しているような違和感があり、本当にその店を作ろうと思っているのか疑問を感じます。

嫌な予感がした私は、「なんとなくおかしいと感じるし、嫌な予感がするから、受注しないでほしい」とお願いします。しかしながら、その理由では根拠がないからと聞き届けられないまま、3つの工事を請けることになった結果、〝事件〟が起こってしまいます。

後で聞いた話では、当時、工事の見積書を銀行に出して融資を取り付けて業者に工事をさせ、融資が全額おりるや否や、工事代金を踏み倒して懐に入れるという錬金術が、横行していたそうです。

夫は運悪くそんな人たちにまんまと騙されてしまったのでした。それぞれにひっ迫した理由があったのでしょうが、オーナーたちは工事途中で行方をくらましたり、音信不通になりました。

大きな買い物をする時には、コツコツお金を積み立てて買うのが私の世界の常識だったのに。数百万を超える工事を頼んでおいて支払わずに逃げる人と関わってしまい、何ひとつ悪いことをしていない者のほうが、その後始末をしないといけないという理不尽な現実を目の前に突きつけられて、愕然《がくぜん》としました。どう対応していいのか、わかりません。

財布の中には千円札1枚とわずかな硬貨

3件のうち唯一営業を続けていた漬物屋に、勇気を振り絞って催促の電話をしてみると、特徴のあるしゃがれ声の女性社長は、声色を変えて、こう言いました。

「社長は留守です」

嘘をついてはいけないとずっと教えられてきたのに、平気で見え透いた嘘をつく年上の人が、電話の向こう側にいる。私の怒りは爆発しましたが、だからといってお金を支払ってもらえるわけではありません。

弱い西日が差し込む暗い台所で、私は、悲しみや、やるせなさで胸がつまり、ぼう然と冷蔵庫をただ見つめていました。

せっぱつまって「請求書を送って」「お金をもらってきて」と夫にお願いすると、私がそう言うことのほうが嫌そうで、騙した相手に対しては待つだけで、何もしようとしませんでした。

家計は突然、火の車です。会社員として働いて貯めていた預金も、18歳から毎月かけてきた養老保険も解約して支払いに使いました。お財布には、多くて千円札が1枚とわずかな硬貨だけ。

そんな時、これまで誕生日とクリスマス以外にプレゼントのおねだりをしたことがない、当時、幼稚園児だった息子が、

「水泳を習いたい」

と私に言いました。でも、その願いを聞いてあげるための、たった5000円の月謝が、もう、うちにはありませんでした。

今でもまだ、息子が下手に泳ぐさまを見ると、この時のことを思い出してしまうのです。

「お願いだから離婚して」

「騙された工事であっても、その仕事をしてもらった業者さんへの支払いだけは、なんとかきっちりしなければ」という思いで、ついに、親戚や家族へ「お金を貸してほしい」とお願いし始めます。この借金は、〝親戚から消去したい邪魔者〟の刻印となり、それから十数年間に渡って私を苦しめることになります。それでも足りずに、夫は、自分だけでなく私の名前でも高利のお金を借りるようになっていきました。

もがいても、もがいても、最悪の状況から抜け出せない。来る日も、来る日も、お金の段取りをする毎日にくたびれ果て、私はだんだん言葉と微笑みを失い、内側から壊れていきました。ある日、腹部に激痛が走ったので病院に行くと、胃に穴が空いていました。

とにかく、ここから逃げ出したい。

「私の名前で借りた借金は引き受けるから。お願いだから」

と、頼んで離婚してもらい、幼い子供を連れて実家に帰ります。

くたびれ果てた私は起き上がることすらできず、布団の中で過ごすことが多くなりました。実家では母が、小額の小遣いを息子に与えてくれました。そのお金を貯めて、私の誕生日に大人が買うようないいシャープペンシルや上質なボールペンを贈ってくれる息子に、何度か驚かされたことを思い出します。

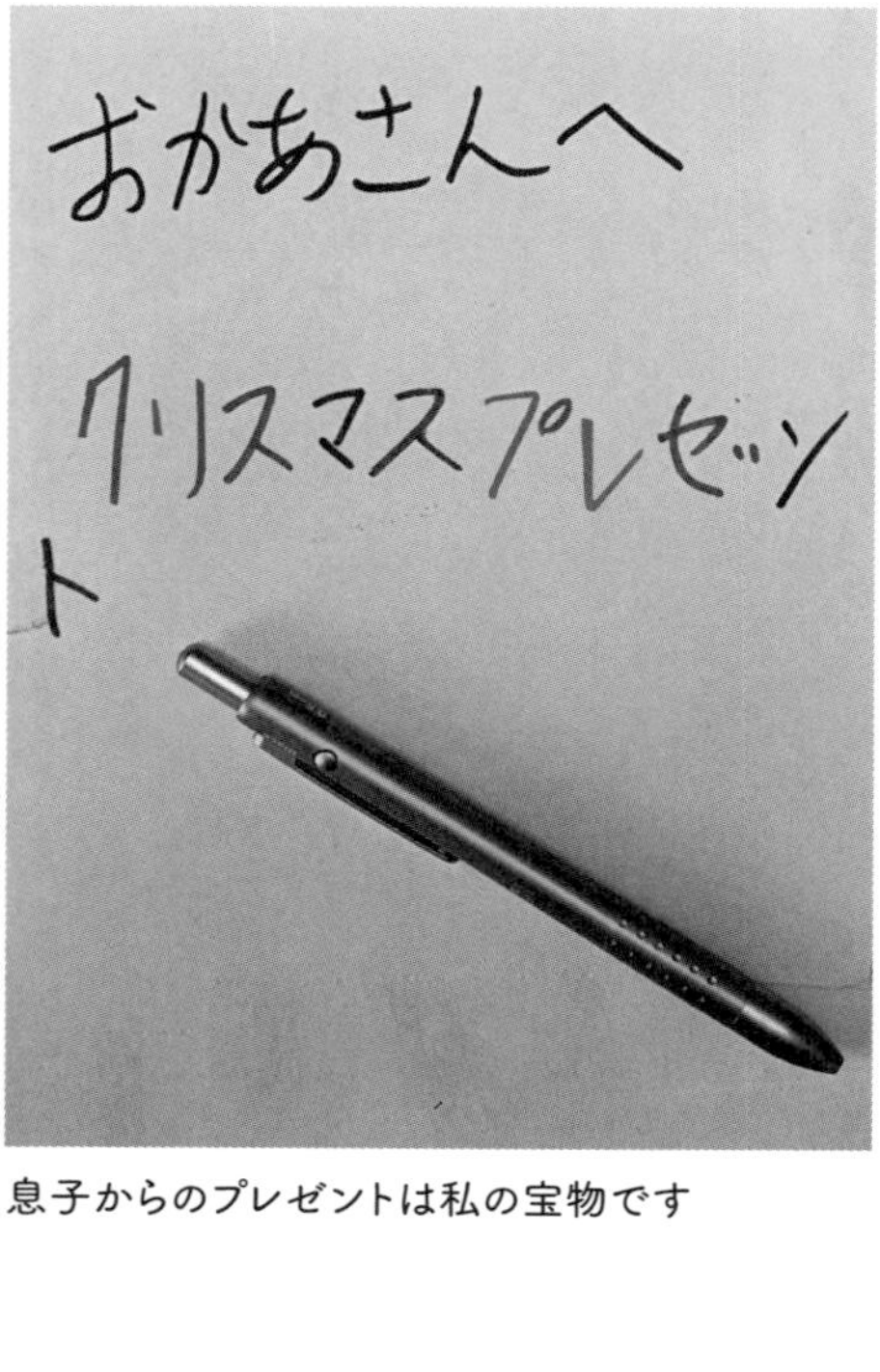

息子からのプレゼントは私の宝物です

息子がプレゼントしてくれた特別なノート

仕事ができる体力まで回復して就職先を探し始めてみると、生活と返済ができる給料がいただける仕事は、土日祝日が出勤の営業職でした。離婚して実家へ引っ越し、家族や生活が一変しただけでなく、入学したばかりの小学校を転校することになって傷ついた息子のそばに、学校が休みの日にいてあげられない。その時、なぜか私に根拠のない自信が湧き出して、「起業しよう」と決心します。

工務店から依頼を受けて、空間デザインやアドバイスをするうちに、この仕事でかなえたい夢も芽生えてきました。インターネットを使って仕事をする方法や、心理学も学び始めました。そんな時に、母から、

「あなたたちを養うお金がもうないし、実家にいられると弟の結婚に支障があると困る。出て行ってほしい」

と告げられます。

事件の借金を抱えて余裕などあるはずがありません。仕事も始めたばかり。どう

して今、追い出そうと思えるのか、実家を出て生活していけるはずがないとわかるはずなのにと、母を恨みました。

そんなある日、小学生になっていた息子が1冊のノートをくれます。今回もまた普通の大学ノートではなく、表紙の上に透明の樹脂のカバーがもう1枚ついている、ちょっといいノートです。えんじ色の表紙には「おかあさんへプレゼント」と黒い消えないマジックで大きく書いてありました。

「このノートは、特別なことに使いたい」

私は、息子を必ず幸せにすると、改めて誓います。

所持金は2円でも前向きに考えられた秘密

その後、思い切って実家を出て引っ越すことにしました。家具を持っていなかったので、軽自動車で2回往復すればいけるだろうと、友人が引っ越しを手伝ってくれました。家電を買うお金もないだろうからと、洗濯機は有志をつのりプレゼントしてくれました。冷蔵庫は安い中古品を別の友人が手配してくれ、いらなくなった大型のブラウン管テレビもくれました。友人たちのおかげで、私は1万円のテーブルと椅子5点セットを購入しただけで、新しいわが家ができあがりました。

心機一転、これをきっかけに明るい気持ちでやっていこうと心がけましたが、借金は5000万円になっていました。返しても、返しても、利息がついて一円も借金が減らないことに気づいていなかっただけではなく、返済金や足りない生活費をさらに借りてしまい、借金は、逆に増えていました。

やがて、返済が遅れがちになり、催促の連絡が入るようになって、電話の着信音が鳴るたびに嫌な気持ちになったのでした。

ついに、所持金が2円しかなくなってしまい、電気代の支払いが2ヶ月遅れて、バチン！　と電力会社にメーターを突然切られてしまったことが2度あります。支払わない私が悪いのだけれど、その度に仕事途中のPCデータが突然飛んで消えてしまい、「電気を止める前に一声かけてほしかった。電気がないと電気代を稼げない事情をわかってほしい」と感じる自分を、情けなく思いました。

それでも前向きに考えるようにしました。例えば、一般的なお金持ちのイメージとは違って、資産家の友人が、不動産はあっても今すぐ使える現金には困っていたことを思い出して、「お金では買えない大切な子供は私にとっての資産で、ビルを資産に持っているお金持ちと同じだ。ただ、使えないだけ」というふうに、前向きに考えるようにつとめました。

「子供をどうか譲ってくれ！」と言われたら、いくらなら渋々承諾するだろうか、国家予算の一般と特別会計をあわせて３００兆円なら、その1％以上の価値があるだろう、といったような実際にはありえない計算を真面目に行って、「うちには3兆円のすぐには現金化できない資産がある」と考え、豊かな気持ちを忘れず生きました。

「思考は本当に現実化するか？」から日記は始まった

その頃に、みみちゃんという親友ができました。私と同時期に起業をした才女で、私が苦手なことをできるように助けてくれます。

今も書いているアメブロを始められたのは、手取り足取り設定を教えてくれた彼女のおかげです。初めて開催したセミナーを撮影してくれたのも、彼女です。割引くことなく「定価を取って」と、私が始めたばかりの仕事に繰り返し依頼してくれたのも、彼女です。まるで、そこに空気があるように自然に寄り添ってくれる彼女は、本物の天使なのではないかと思うほど、私をいつもよい方向に導いてくれるのです。

ある日、仕事の進め方、興味を持っていることについてなど、とりとめもない会話をしていて、「ナポレオン・ヒルの本『思考は現実化する』で『物事は、思い描いた通りになる』と言われているけれど、本当にそうか確かめてみない？　どんな確かめ方がいいかな？」という話になりました。
「今日は、最高の日だった！　と、まるで夜に日記を書いているかのように、その気持ちになって、先取りして朝に書いてみよう」と決め、これは名案だと盛り上がりました。

思い描いた通りになるというのが本当なら、朝に書いたことがその通りになることが確認できるはず。執着がそれを邪魔するというなら、人は書くと忘れてしまう傾向があるので、ちょうどいいじゃない。それに、いい気持ちで一日を始められる。

……と、よいことづくめでした。

さらに、「毎日、かなったこと〝だけ〟を、チャットで報告しあおう」と、彼女が言いました。

その頃の私は、長い間繰り返された苦難や他人への不信感が原因で、よくなろうとしているにもかかわらず、無意識に悪い方向へネガティブな方向へと思考や言動が向く癖がありました。聡明な彼女は、何も押しつけることなく、嫌味なく、私の思考と言動の向きを変えようとしてくれたのでしょう。もし考えてやったことでなかったとしても、彼女は直感的にそうなるとわかっていたのではと思えるのです。

私は、息子から贈られた、あの特別なノートに書くと決めていました。

かなう書き方のコツ

翌日から、かなったことのシェアが始まりました。それは、辛いことも多い日々の中で心から楽しむことができる、貴重な時間でした。まるで今あったことのように、この瞬間にもその場面が思い浮かびます。

最初は、簡単なことから書くことにしました。例えば、

「今日は京阪特急に座ってゆっくり大阪に行けた」

といった具合に。

しばらくすると、不思議なことが起こり始めます。偶然ぽっかり席が空いている

ことが多くなりました。また、混んでいる車中で目の前に座っている人が、忘れ物でも思い出したのか、乗り間違えたのか、急にホームに飛び出して席が空くということもありました。

かなったことの報告は毎日盛り上がり、ますます「未来先取り日記」を書くこととシェアすること、いったい何が起こるかが楽しみになっていきました。

かなわないこともありました。どうしても実現したいと思っている、借金の返済などは、繰り返し書くのですが、うまくいきません。人には話しづらい内容も日記に書いていましたが、かなわなかったことは報告しなくていいので、気が楽です。

ある日、ふと思いつき、これまでに書いた日記を振り返って、かなったことを丸で囲んで眺めているうち、あることに気づきます。それは「かなったことは、決まった書き方をしている」ということでした。とてもシンプルな正しく美しい日本語で書かれており、「ありがたい」「うれしい」「楽しい」といった、いい感情の言葉で結ばれていたのです。

反対に、かなわなかったことは、「どうしても実現してやるぞ」という重い執着からか、ちゃんと書いたつもりだったのに、こじつけられた雰囲気を受ける、意味がわかりにくい長文になっていたのです。

翌日、この発見についてシェアすると、私の天使は、自分のことのように発見を喜んでくれました。

かなっても幸せになるとは限らない

しばらくして、だんだん「未来先取り日記」のコツをつかんでくると、〝ジーニー〟という名前の魔法使いにお願いをしている文章にしたり、宇宙にお願いをしてみたりと、遊ぶ余裕ができてきました。

その頃かなえたいと願っていたのは、頻繁に催促されていた870万円を今すぐ返すことだったので、ジーニーに向けてそのことを書きました。すると、何度か繰り返し書き方を変えて試しているうちに、驚くべきことが起こったのです。

引っ越しを手伝ってくれた友人の飲食店で、たまたま隣に座った男性が、なんの前ふりもなく、突然、私にこう話しかけてきたのです。

「父母が運用せずに無駄に貯金していた数千万円を投資したいと思っている」

親しくない人にそんな話をする人はそういいませんから、変です。いつもなら、

「へえ、そうなんですね、大金ですね」

とさらりと流して、席を離れようと思っていたでしょう。でも、

「ひょっとして『未来先取り日記』の効果かもしれない……」

と思い、

「このようなビジネスをしていますが、資金に困っています。よかったら、私に投資してくれませんか?」

と話すと、

「いいですよ」

と、初めて話したのにもかかわらず、即答してくれます。ますます変です。よく知らない人だからどうなるかわからないし、そもそも、信じられない出来事で、きっと冗談なのでしょう。

ところが、彼は本当に、３度くらいに分けて私に投資してくれました。その合計金額は、驚くべきことに、ちょうど８７０万円。

結局、私はこの幸運を活かすことができず、せっかく投資してもらったのにもかかわらず結果を出すのに時間がかかり、「投資の結果得られる収益をこの日からリターンし始めます」と約束した期限を守れませんでした。

ちょうどその頃、投資してくれた男性は体調を崩し、社会状況も悪化して、「早く返して」と要求されて借金に変わった８７０万円を返済するために、再び私は紆余曲折することになります。

この痛い経験から、「未来先取り日記」の書き方によって、実現したとしても、不幸と幸せの２つの方向に分かれることを発見します。

正しい願い方をすると幸せに実現するけれど、願い方を間違えると不幸につながることもあるということです。

鍵は〝幸せに〟という言葉

かなったことだけをシェアしながら書く「未来先取り日記」は数ヶ月間続きました。この数ヶ月で私の不幸な思い癖はすっかりなくなって、過去に架空の工事を依頼してきた3件の新規顧客や、私を〝消去したい邪魔者〟にした親戚、家を追い出した母など、心に蓄積した怒りは癒されて消えてゆきました。

状況はまだ完全に好転はしていませんでしたが、徐々によくなりつつあり、かなったことだけをシェアするチャットは、自然消滅していきました。

「おかあさんへ、プレゼント」と書かれた特別なノートに綴った、「未来先取り日記」をシェアして試行錯誤した、特別な数ヶ月間は、宝石のような思い出です。

この数ヶ月で、「思考は現実化する」ことが確認できました。頭ではいいことを考えようとしていても、怒り・悲しみ・寂しさ・執着が心にあると、その方向に物事が現実化します。

870万円を得られるようにと「未来先取り日記」に書いたことが、それを象徴しています。私は「臨時収入を得る」ということばかりを書き、それが「幸せに実現する」と書きませんでした。お金のことで頭がいっぱいで、幸せについて書けなかったのです。もちろん、そんなつもりはまったくありませんでしたが、書いて記録されたことが、事実です。

幸せにかなうと書かなかったことで紆余曲折がありましたが、自分でどうにか解決できることだったから、まだよかったのです。大切な家族を突然失って保険金が入った……といったような、取り返しがつかない方法で実現しなかったことを、本当に幸いに思います。

願いを書く時には、〝幸せに〟という言葉を必ず入れる必要があったのです。

（147ページからの〈実践〉「未来先取り日記」は、願いが幸せに実現しやすい例文をなぞり書きしていただけるようになっていますので、ご安心ください）

こうして人生が変わり始めた

この日記を通して、「思考は現実化する」は、まやかしではなく、いたって常識的な事実だということが明確になりました。書くうちに、これまでの常識と違うことを発見し、信じるようになり、それが新しい常識となって、人生が変わり始めました。

コツをつかんだ私は、やがて日記がなくても「思考の現実化」ができるようになっていきます。日記に「未来先取り」で起きてほしいことを書くことによって、それまで心の奥底にべったりはりついていた、悲しみ・怒り・疑いや不安を、意識して幸せや感謝などに繰り返し書き換えていくことができました。それによって、無意識に思っていることも自然と書き換えられていきました。

ノートに綴り、確認しながら体験した事実の記録は、いつどこで迷っても光のあるほうへとすぐに起動修正ができる、自分だけの「羅針盤」になりました。

もともとは楽しく日々を過ごして明るく社交的だった私は、あまりに辛い出来事が長く続いたために、無意識に怒りと不安が刻まれてしまっていました。

そんな時も、この世には希望の光が灯り続けていました。下を向いてうなだれている頭を少しずつ上げて、その光の存在に気づくことさえできれば、遠くに灯る光を見つけてその方向に一歩一歩進めたのですが、気づくことができません。

そんな時、暗い雲の上ではなく、私のすぐ近くで、心の中で、ずっと輝き続けている太陽がありました。息子が最初の光でした。その明かりで見つけた出口にたどりつくまで、私はずいぶん遠回りをしました。

その間ずっと黙って寄り添ってくれたのは、「未来先取り日記」……それを書いている自分自身でした。知らず知らず、日記を通して大切な自分自身と、ずっと対話していたのでした。「世界最大の味方。それは自分自身だった」という、物事の本質であり幸運が湧き出す源に、ようやく気づくことができました。

書くべき〝いいこと〟が思いつかない⁉

「思考が現実化する」と確信を得た私は、どんなアクシデントで心がブレても、すぐに自分自身と対話して気持ちを切り替え、光がある方向に向けて、思考をよい形で現実化できるようになります。そしてさまざまな分野で、いろんな用途に活用できるようになっていきました。

「幸運や金運を呼び込むお部屋作りの本」が続けて出版されるようになり、累計6万部を超えると、セミナーが人気になり、企業からのインテリアプラン依頼も以前に増して来るようになりました。会社員だった時や、家業を手伝っていた時とはまったく違う生活に変わりました。そして、10年かかって5000万円の借金を完済した私は、幸せで自由な毎日を送るようになりました。

その頃出会った、新しい親友・濱田真由美さんと、時折「楽しく望みを実現しながら、幸せに生きる方法」についてのセミナーを一緒に開催するようになりました。

「次回はどんなセミナーをしようか」

と相談している時に、ふと日記のことを思い出し、誕生の源になったみみちゃんに「使っていい」と了解をもらって、セミナーで「未来先取り日記」を紹介し始めました。


ところが、セミナーで紹介しても受講生さんに成果が出ないのです。

理由はなんだろうと探ってみると、

「いいことが思いつかなくて、書けないので、続かない」

というのが理由でした。


過去の私も、先取りで書くいいことがなかなか思いつきませんでした。そして、書き方や活用のやり方を間違えて、たくさん失敗しました。

でも、ギリギリまで追い詰められて〝わら〟をもつかむ思いの状況の中でつかんだ〝わら〟だった「未来先取り日記」です。決して離さず、失敗しながらも試行錯誤して続けることで発見したコツを手にして、やがて自在に活用することができるようになりました。

必ず息子を幸せにするという決意で、書き進めては、削り、修正して、書き加えながらコツをつかんでいくことができたのは、追い詰められたからこそ、だったのでしょう。

セミナーに参加する方は、過去の私ほど困窮したり追い詰められておらず、日常生活の中にある人間関係や、仕事や、パートナーシップや、豊かさについて、今よりよくしていきたいと願っておられました。

これだ！　なぞり書きでいこう

そこで、書く文章の「例文」を掲載した小冊子を、京都の私の自宅で真由美ちゃんと手作りすることにしました。休憩しようと、近所を散策中にふと入った和紙屋さんで何気なく目をやったものに、息を呑《の》みました。

「これだ！」

それは、多くの和紙屋さんで販売されている、「写経」ができる和紙製品でした。

偶然、真由美ちゃんと高野山の宿坊に宿泊して、写経をした体験がありました。最初は何気なく書き始めるのですが、そのうち「うまく書いてやろう」という気になってくると、字が歪《ゆが》み始めます。再び「初心に戻ろう」と、無心になぞり始めると、美しく書けるようになるのが興味深く、まさに瞑想そのものだと感じました。

「いい言葉が思い浮かばないなら、なぞり書きをしてもらおう！　なぞる時に、無心になるコツをつかむ感覚は、望みがかなう感覚そのものだ！」

真由美ちゃんに伝えると、いいねということになり、急いで家に戻って一気にふたりでなぞり書きの文章を考えて、デザインし、プリントして、「未来先取り日記」が完成しました。最初は、本ではなくて、手作りの小冊子だったのです。

7日間では、それほど変化が感じられないので、1週間ごとにテーマを設けて、7週間、49日間続けてもらうことにしました。簡単なものから、難易度の高いものへと、まるで文章の内容に沿うかのように自然に、なぞる心も変化します。

「なぞり書きするだけでうまくいく人が出ますように」

と願って、夢中で作りました。

「未来先取り日記」の実践で望みがかなう

作った小冊子をセミナーで使い始めると、すぐに実践者の中から、こんな報告をくれる人が現れ始めました。

・数日後に支払い予定の27万円が準備できるかどうか不安に思っていたので、「安全スムーズに資金が回った！」と書いたら、37万円の振込が入っていました！　ありがとうございます！

・コロナ禍で、会社の売上が前年度マイナス20・2％……。「未来先取り日記」で学び、コツをつかんだことを実践したら翌月の売上がプラス51・4％に！　なんでやね～ん！

・1週目のテーマの「ちょっとしたラッキー」を書くために気持ちをラッキーに合わせるようになり、書き始めて9日目に、勤務先の所長からねぎらいの言葉とケーキをいただきました。大粒の涙が出て、所長にますます感謝と尊敬の気持ちでいっぱいになりました。

・転居とともに、新生活に必要なものと自動車購入の資金が欲しくて「500万円の現金がやってきました!」と書いてみた3日後……戻る見込みがなかった500万円が!! 戻ってきて、すんなり手に入ってしまいました、これはもう、ミラクルでしょ!!

・これまでは不安になることも多かったのですが、49日間続けてみた今は、明るく楽しくワクワクの人生にしたいと考えるようになりました。後期高齢者なので、コロナ禍であきらめなければならないと思っていた「転居前に友達みんなに会うこと」もできました! 真由美さん、ヒロミさん、感謝、ありがとう!!

・今朝で3週目となりました。いつも「カードの支払いが多い」と怒る主人が、「節約してくれてありがとう」と言ってくれて、〝ビックリぽん〟の私でした。ずっとずっと「未来先取り日記」続けていきたい。

・49日を終えて2冊目、52日になりました。いつもメールだった主人から「お誕生日おめでとう」と言葉で言ってもらえたり、大好きな方のワークショップに招待されて会場のみなさんが愛のエネルギーに包まれる奇跡を体験したり、なかなか予定が合わずキャンセルばかりして行けなかった温泉旅行に、仲よしの友達親子と行くことができました！

・もうすぐ、2冊目が届きます。夢中になれるウクレレと出会い、仲間が増え、シンクロもたくさん起きて、自分を信じる気持ちが強くなりました！　真由美さん、ヒロミさん、作ってくださりありがとうございます。

・2日間だけ書いた1年半後にまた書き始め、今は2冊目です。宝くじが当たりました！　とだけ書いたら、1ヶ月後に1万円当たりました！　金額書けばよかったなぁと後で思いました！　それから、「好きなことで人に喜んでもらえる仕事」について書いた1年後にホームページを立ち上げ、少しずつできるようになってきています。

・日記スタートから18日目、読み返してみると、小さなことですが8割ほどは書いた通りになってます。フリマアプリで調子よく品物が売れ、部屋も片づき、見失っていた財布も出てきた。辛いことがあった時、気持ちを切り替えることができるようになりました。

・3日目に「断捨離が進む」と書いたら、5日目にこれまで滞っていたのに進んだ。手放すことにした品に高値がつき、15万円以上の臨時収入がありました。

・Day3（3日目）に、私の理想の家について書いたら8～10日後くらいに、突然家をリフォームする話が浮上！　あれよあれよと建て替えにまで話が発展！　念願の私の仕事部屋もできることに！

・Day11に、それまで自信がなくあまり好きではなかった料理について書いたら、1・5～2ヶ月後くらいに、楽しんで「わっ！　美味しい！」と思う料理を作っている自分に気がついた。美味しいと言ってもらえた。

・Day43に、どんなことが起ころうとも最高最善！　ということについて書いた。なんとなくモヤッとして、予定していた友人との旅行をキャンセルしたら、その日に台風が来て、交通機関がストップ。すぐ、思いもよらないところから素晴らしい旅行のプレゼントが3件も入る！

・Day24に、素敵な男性について書いたところ、友人と食事中に、同年代の男性が気さくに話しかけてきてくれました。「未来先取り日記」って、本当に書いたことが起こるのかもしれないと、その時思いました。

・「臨時収入がありました」と書いていたら、プレミアム食事券1万円分当選しました。

・Week4（4週目）に入りました。仕事の改善をして、もうすぐオンラインを活用していける状況です。少しずつ変化が起き始め、先週インターネットラジオ番組出演の打診が飛び込んできました！

小冊子だった「未来先取り日記」を、改めて自分でも毎日書き始めた、共著者の真由美ちゃん自身にも、こんな大きなことが起こったそうです。

・6日目に、欲しかったけれど高額で購入は無理だとあきらめていたものについて書いてみたところ、「こうしたら買える！」と思いついて、購入できた。

・9月6日に、「未来先取り日記が必要とされている人に届くよう、予約販売ページを心をこめて作成した。ヒロミちゃんいろいろと教えてくれてありがとう。そして、未来先取り日記の出版が決まった。やはり、ベストな形に自然に流れるようになっていたんだ!」と書いたら、9月の最終週にヒロミちゃんから「出版してもらえそう」という連絡が来て、10月7日に「企画通りました!」と出版社さんから連絡が来た。

私を人生の谷からすくい上げて、望みを現実にするコツを発見させてくれた、あの特別なノート。その10年間の体験を、49日〝なぞる〟だけでできる「未来先取り日記」。

いくつもの奇跡を起こした「未来先取り日記」をあなたにお届けします。

Chapter

1

今日起こってほしいことは何？どんどん実現する「書き方」「使い方」

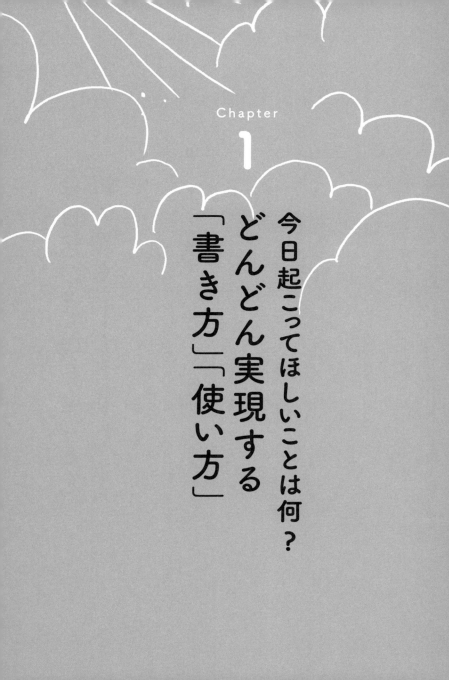

今日起こってほしいことを朝に書く

――「未来先取り日記」の基本

「未来先取り日記」はあなたの夢や望みをかなえるための日記ですから、普通の日記と違い、今日起こってほしいと思うことを先取りして朝に書きます。たったこれだけ。とてもシンプルです。

望みが高確率で現実になるよう工夫した「未来先取り日記」が本書の後半についていますので、使ってみましょう。

書き方の3ステップ

❶今日の日付を記入する。
❷グレーで薄く描かれている文字をていねいになぞる。
❸今週のテーマについて、起こってほしいことを過去形で書く。

①日付を入れる

年　　月　　日　　DAY 01

②ていねいになぞる

朝の三分間は金時間。
今日がいい一日になるイメージを
未来先取り日記に書き始めた。

仕事が予定以上にはかどり、
同僚に喜ばれた。
なんかうれしくなった。

③なぞった文の後に、
自分のオリジナル文章を
過去形で書く

memo

1～2週間してから
見直してみて、
気づいたことを書く

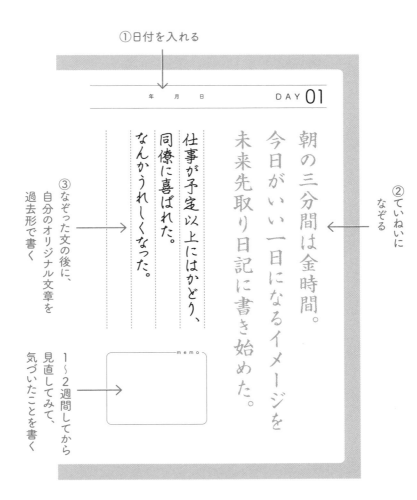

実現率がアップする10のポイント

かなうポイント1
3分間の時間を確保する

一日で一気に何ページも書いても、思うような効果は得られません。一気に無理をして行うことは、〝初めて体験すること〟として大脳で処理され、大きなエネルギーが必要になります。例えば、初めて手にする楽器を1日だけ1時間練習して、数年後にまた1時間練習しても、以前のことをほとんど忘れてしまい習得できず、どちらも同じほど集中せねばならないでしょう。

これに対して、短時間行って眠り、また短時間行って眠るといったように同じリズムで繰り返し行うことは、大脳から小脳に落ち、体で覚えることができ、ほとんどエネルギーを使わず無意識にできるようになります。

例えば、毎日楽器を練習すると弾けるようになっていき、突然上達する日がやってきます。やがて、目をつむっていても弾けるようになります。習得した後であれば、しばらく楽器に触らない時期があっても数年後も同じように考えずに弾けますね。（一説では、短く36回繰り返すと長期記憶に移行するといわれています）

ですので、毎朝3分だけ〝自分のための時間〟を確保するようにしてください。

かなうポイント2
順に進める

Week1　ちょっとしたラッキー
Week2　仕事・家事・勉強
Week3　新しい習慣
Week4　いい気分
Week5　豊かさ
Week6　自分の魅力
Week7　シンクロニシティ

というふうに、それぞれのテーマについて7日間書いて、合計7週間49日間続けます。あなたが願っていることや、興味を持っているテーマがもし先のほうにあっても、Week1のDay1から始めて日々1ページを順に書いていってください。簡単にすぐ実現しやすいものから、本当に欲しいものへと少しずつ段階を踏んでWeek7のDay 49まで進むように構成されています。

順を追うことで、最初に書いた小さな〝未来先取り〟が、本当に実現する体験ができます。Chapter3でご紹介する体験者のように「わぁ！　本当にかなった!!」と最初に感じていただくことが大切です。「楽しい！　もっとやりたい！」という感情が、さらに望みの実現を増長していくからです。

かなうポイント3

深呼吸をしてから、ていねいになぞる

あらかじめ薄い文字で印刷されている文章がありますので、書き始める前に深呼吸をしてからその文章をていねいになぞります。実はこの時間が、体験談に出てく

るようなラッキーなことや、ミラクルと思えるような不思議な出来事が起こりやすくする働きをしてくれます。ですので、必ずなぞり書きから始めて、その後に今日起こってほしいと思うことを書いていってください。

かなうポイント4
その週のテーマに沿って、シンプルで短い文章を過去形で書く

実現しやすいテーマから順番になっているその週のテーマに沿って、日記の文章の文字をなぞり、その気持ちのまますぐ続けて、自由に文を書いていきます。

文章は「私は○○○が○○して、とてもうれしかった」というように、すでにかなった状態を過去形で書きます。シンプルで短く、美しく正しい言葉で書くと、かなう確率がアップします。

内容は、今日起こってほしい小さな幸運についてから書き始めると、すぐ実現しやすくなります。「本当に実現した！」という体験が起こると興味が湧き、「今度はどんなことが起こるかな」と、書くのが楽しくなります。

大きな望みは、思考が書き換わり始めてからのほうが実現しやすいので、突然大きなことから書くよりも、小さな幸運から書いて、段階を踏んでコツをつかみながら進めるほうが、結果的に遠回りせずにすみます。

1万円の臨時収入が実現してから「1千万円って書けばよかった！」と思ってあわててそう書くくらいが、ちょうどいい感じです。

Week 7を終える頃には、ちょっといいことが起こったのは単なる偶然ではなく、自分が書いた日記がきっかけで「シンクロニシティ」が起こったのかも？　と感じてもらえるでしょう。

かなうポイント5

文の最後に「感情」を表す言葉をつけ、かなった気分を味わう

「ありがとう！」「やった！」「本当によかった……」など、感謝やうれしい気持ちを表す言葉を文の最後に一言、必ず入れることで実現しやすくなります。何を書こうかと迷ったら、「感謝します」と最後に書きましょう。

このことを発見するまでに、長い時間がかかりました。

うまくいった人がいつも感じている気分は、驚き・うれしさ・楽しさ・ありがたさといった、いい気分です。「これが、こうなった」という機械的な文章だけでは、その物事を頭で想像することはできても、心で味わうには足りません。

最後に、いい感情についての言葉を入れて、本当にそれが今日起こって、夜にいい気分で日記を書いている自分になりきってみましょう。「未来先取り日記」に書いた望みがかなった時の予行演習をするつもりで、気分の先取りを試してみてください。

できれば、なぞり書きの文と自分の書いた文を、気持ちをこめて声に出して読んでみると、さらにその気分を味わうことができます。黙読して目から情報が入るだけではなく、声に出して読むことで、耳からと体内から伝わる声の振動〝骨導音〟によって外と内の両方から入ります（骨導音の割合は人により言葉により1割〜9割と変わるとされている）。このため、音読することで、体全体で味わいやすくなります。

また、〝予祝《よしゅく》〟するのもよいでしょう。実は、日本には、米の豊作を願うために桜の下で花見をして先に祝う〝予祝〟という慣習が古来からあります。これはまさに、「未来先取り」のことなのです。「未来先取り日記」を使って先に「おめでとう！」と言って喜ぶ〝予祝〟をしてみてください。

かなうポイント6 何も思いつかない場合は、なぞるだけでＯＫ

なぞり書きをするだけでも、いいことが起こりやすくなるように、よく考えて文章を作ってありますのでご安心ください。

何も思いつかない時に必死に考えたり、自分の心に反するような内容を無理して書くと逆効果になってしまいます。書かれてある文章をていねいになぞり書きするだけでも、あなたの心に確実に作用します。なぞり書きをする時間もない時は声に出して読むだけでも、また、それも無理な場合は黙読だけでも、というふうに工夫をして続けてみてください。

かなうポイント7
毎日できなくても気にしない

「未来先取り日記」は、続ければ続けるほど効果が上がります。これまで無意識に刷り込まれてきた不要な思い癖がだんだん消えて、やがて完全に書き換わっていきます。たった一日や二日できなかったからといってやめてしまうのはもったいなさすぎます。「やっぱり私は何も続けることができないんだ……」と落ち込んだり自分を責めたりすることはせずに、断続的でもいいので気にせず、再開して続けてください。

「絶対、毎日書き続けるぞ！」とプレッシャーに感じながら書けないよりも、無理せずに、見るだけ、読むだけでも続けるほうがいいのです。

かなうポイント8
日記に書いた内容を毎日読み返すことをしない

日記に書いた内容を毎日は読み返さないようにします。1～2週間ほどやってみてからまとめて読み返して振り返り、かなったことや気づいたことがあればメモ欄に書いてください。

人間はノートやメモに「書く」ことで安心して忘れてしまう傾向があります。例えば、手帳にToDoリストを書くのは、書いた後は覚えておく必要がなく、忘れてもいいという安心感を得られるため、そして今、目の前にあることに集中できるようにするためです。つまり、書いた物事に対しての心配を手放しやすく、「今ここ」にいられるようになります。

気になって毎日、見直してしまうと、せっかく手放して安心した物事を思い出し、また心配になってしまいます。

「未来先取り日記」は、人間の〝書くと忘れる習性〟を利用することで、あなたの執着や心配を忘れさせ、望みが実現する効果をアップさせるのです。

かなうポイント9

お気に入りのペンを「未来先取り日記」に使う

「未来先取り日記」を書くペンは、できれば持ちやすく、書きやすく、デザインも好きなお気に入りのものを使うことをお勧めします。ほんの小さなことですが、あなたの心がゆったり落ち着いて文章をなぞることができると、効果が増します。

かなうポイント10 かなったことだけをシェアする

「未来先取り日記」を書いている仲間と「かなったことだけ」をシェアすると、楽しく続けることができ、うまくいく確率が上がります。

「未来先取り日記」が誕生したのは、親友のみみちゃんと、〝かなったことだけをシェアしたから〟でした。その後、共著の濱田・山田で〝かなったこと〟のシェアをし始め、長く続けた今では、ありえないような望みが現実になり、可笑《おか》しく感じることさえあります。

今回、「未来先取り日記」を書いてくださるみなさんが〝かなったこと〟のシェアをしてもらえるようにと、ＳＮＳにシェアする場をご用意しました。

人にどんなことが起こったのか、興味ありますよね。その話を見聞きすることで、それがあなたにもやってくる……幸運は連鎖します。コツをまねてみたり、言葉をまねしてみたり、喜びあったり。〃かなったこと〃だけしかシェアしないので、言いたくないことを話す必要も、うまくいかないことを告白したり、悲しい気持ちなのに無理にかなったとして発表するような虚言もありません。嘘や偽りがない場です。あなたも参加できますので、「参加したい！」と思ったら、どうぞご自由にご参加ください（本書カバーの著者紹介の最後に参加先が書いてあります）。

書き方はシンプル。もう一度書きましょう。

❶今日の日付を記入する。
❷グレーで薄く描かれている文字をていねいになぞる。
❸今週のテーマについて、起こってほしいことを過去形で書く。

かなう確率がアップする10のポイントは、「未来先取り日記」を使いながら身につけていきましょう！

「未来先取り日記」書き込み文例集

なぞり書きをしたあと、起こってほしいことを自分のオリジナルの文章で書きます。この時、何を書いたらいいのかと戸惑う方が多いので、文例集を用意しました。さあ、あなたも「小さな幸運」から始めてみませんか。

Week 1　ちょっとしたラッキー

- いつもは座れないのに、今日はなぜか行きの電車で席が空いてラッキーだった。
- 遅刻しそうになったけど、バスが3分遅れてきたから乗れてラッキー！
- カレーが食べたいと思って帰宅してみると夕食がカレーだった。
- 先輩がジュースをおごってくれた。
- カフェに入ったら、思っていた以上にカップが大きかった。
- 電車で隣に座った人が超イケメンだった。
- 駐車場に入ったらすぐに車が1台出てすぐに駐車できた。

Week 2　仕事・家事・勉強

●（仕事・家事・勉強）がいつもよりいい気分でできた。
●（試験勉強・企画書作り・料理）に集中できた。
●自分が提案した（プロジェクト・アイデア）が通ってうれしかった。
●朝、計画した通りに（仕事・勉強・家事）が進んだ。
●売上が上がった。
●クライアントから感謝のメールをもらった。

Week 3　新しい習慣

●今日から早起きしようと思い、5時55分にアラームをかけたら、その時刻に起きることができた。
●食事をする時に何回も噛んでゆっくり食べたので、少量でお腹がいっぱいになった。
●朝の散歩が気持ちよかった。
●コンビニの店員さんとバスの運転手さんに「ありがとう」と言えた。
●部屋の掃除をしてから会社に出かけた。
●行きたくない誘いを断れた。
●（タバコ・お酒・衝動買い）の回数が減った。

Week 4　いい気分

●駅に向かう途中で、いつもすれちがう人に「おはよう！」と声をかけてみたら「おはよう」と素敵な笑顔で応えてくれてうれしかった。
●体を動かして汗をかいたので爽快だった。
●退社5分前に仕事を終えて、明日の準備をすることができていい気分。
●旧友が海外旅行先から送ってくれた手紙が届いていてワクワクした。
●いい気分でぐっすり眠れた。
●大好きなコーヒーをゆっくり飲みながらホッとする気分を味わえた。
●○○さんの笑顔を見れて幸せだった。

Week 5　豊かさ

●以前から買いたかった服がバーゲンで半額で買えた。
●美味しいご飯が食べられた。
●蛇口をひねったらいつもキレイな水が出てくる。
●コンビニでお釣りの5円を寄付した。
●寒い冬でも暖かい布団で眠れる。
●困った時には助けてくれる（友達・家族・同僚）がいる。
●今日もお笑い番組を見て笑えた。

Week 6　自分の魅力

- 私は仕事が遅いので周りに迷惑をかけていると思っていたけど、「きっちり仕事をやってもらえるからありがたい」と上司に言われた。
- 欠点だと思っていた部分を褒められた。
- 家事は大嫌いなのに、そのわりにはよくやっていると思う。
- どんなすごい人でも完璧でないことがわかった。
- 自分に「よくやっている！」と言ってみた。
- 昨日よりほんの少しだけ○○が上達した。

Week 7　シンクロニシティ

- 電話をかけようと思った瞬間に、その人からラインメッセージが入った。
- 本屋に行って何気なく手に取った本の中に求めていた答えが書いてあった。
- バナナを想像したら、レジで前に並んでいた人がバナナ柄のTシャツだった。
- 電車に乗り遅れたら、駅でばったり高校時代の同級生に会って、同窓会をする話になった。
- 食べてみたいと思っていたスイーツをお客様からお土産でもらった。
- 同じ人に一日で2度、ばったり会った。

Chapter

2

どうしてこんなに効果が出るんだろう？
7週間に、あなたの脳と心に起こること

見える世界が「〝いいこと〟を引き寄せる世界」に変わる

「未来先取り日記」はあなたの夢や望みをかなえるための日記です。あなたが人生に引き寄せ、手に入れたいものはなんでしょうか？　人生のパートナー、自分が輝ける仕事、経済的に豊かな生活、健康、時間的な自由、調和のとれた人間関係……。「未来先取り日記」にはあなたの未来に起こってほしいことを、まるですでにかなったように先取りで書いていくのですが、この章ではなぜ「未来先取り日記」に効果があるのかを説明していきます。

脳は意識したものだけを探し出す

まずはクイズから始めてみましょう。73ページにイラストがあります。そのイラストを5秒だけ見て、カップがいくつあるか探してみてください。

cafe
ROSE

カップはいくつあったでしょう？　正解は7個でした。

では次の問題です。前のページに戻らずに答えてみてください。**お店の名前はなんだったでしょう？**

どうでしょうか？　この問題にはほとんどの人は答えられません。

私たちの脳は、「注意を向ける」ものを探し出そうとする癖があるので、例えば何か新しいことにチャレンジする時に、「なんか難しそうだな。失敗したらどうしよう。自分には無理だろうからやめておこう……」というデータを入れると「できない」理由を探し始め、その結果うまくいかない方向に進みやすくなります。

「面白そうだな。やったことないけど、できるような気がする。やってみたい！」というデータを入れると「できる」理由を探し始め、その結果うまくいく方向に進み始めます。

たったの0・00036%！

いつも見ているものでも、私たちはほとんどのことを覚えていません。実は、視界に入っているもののほとんどを、私たちは認識していないのです。これは視覚情報に限ったことではありません。

アメリカの社会心理学者、ティモシー・ウィルソンの著書、"Strangers to Ourselves"（邦題『自分を知り、自分を変える――適応的無意識の心理学』）によると、1秒間に五感から入ってくる情報は、1100万もあるといわれています。この中で私たちが認識できるのはどのくらいだと思いますか？

なんと！　最高でもわずか40、たったの0・00036%なのです。情報のほとんどを認識できていないということです。

これは必要なものだけを認識し、大切なことに集中することができるようにする脳の機能です。もし1100万すべての情報が意識上に上がってきたら、私たちはパニックになってしまうでしょう。

例えば、カフェで友達と会話している時に、周りの人の話し声がすべて同じように聞こえてきたら、うるさすぎて友人との会話にも集中することはできません。私たちが気づかないところで、脳は膨大な情報の中から必要な情報だけをふるいにかけて選び出し、意識に上がるようにしてくれているのです。

0・00036％がどのくらい小さな世界かというと、例えば文庫本を110冊も読んだのに、たった1行しか覚えていない。そしてその1行に書かれてあることだけで「世界とはこういうものだ」と信じているようなものです。

あるいは、本当は1000万円もあるのに36円しか見えていなくて「お金がない、お金がない」と言っている、そんな感じです。

あなたが黄色い車に注意を向けた時から

では膨大な情報からわずか0・00036％を、脳はどのように選び出しているのでしょうか？

まずはじめに、「あなたが注意を向けること」を脳は選んであなたに見せてくれ

0.00036％の世界で生きている

文庫本110冊の

わずか1行!

ます。先ほどのクイズではカップに注意を向けてもらったのでカップが見えました。しかし、お店の名前には注意を向けなかったので見えませんでしたね？　あなたが見えていたのはカップだけだったかもしれませんが、お店の名前も書かれてあったのです。私たちの日常生活においてもまったく同じことがいえます。

真由美の体験談をひとつお伝えしましょう。ある時、娘のハロウィンイベントの衣装作りのために布地が必要になりました。普段、手芸はしないので「一番近い手芸店はどこにあるんだろう？」と検索したところ、なんと‼　いつもよく行っている100均ショップの隣にあったのです。

そのお店はずっとそこにありました。いつも前を通っているのに気づかなかったのです。あっても気づかないのは、その人の「世界」には存在していないのと同じなのです。

あなたにもきっと同じような経験があると思います。例えば、これまでは興味がなかった英語を勉強しようと思いたった途端、電車の中で英会話レッスンの広告を見かけたり、友人が英会話学校の話をしているのを耳にしたり、YouTubeのCMで聞こえだしたりします。

黄色い車を買いたいと思ったら、これまでは黄色い車なんて見たことがなかったのに、急に黄色い車を頻繁に見かけるようになります。まるで黄色い車の台数が急に増えたようにあなたは感じるかもしれませんが、そうではありません。あなたが黄色い車に注意を向けたので、脳がその指令を受けてあなたが黄色い車に気づけるように意識に上げてくれているのです。

今、あなたの「世界」に映し出されている0・00036％の世界はどういう世界でしょうか？　「望む」世界？　「望まない」世界？　あなたが選択しているのはどちらで、何が映し出されているでしょうか？

もし、「望まない」世界、例えば、環境破壊、将来の不安、健康の不安、経済破綻、戦争、過去の後悔、人への恨みなどが映し出されているとしたら、自分で気がつかないうちに知らず知らず、「望まない」世界に注意を向けているからです。

脳をかなえたい世界に向けるツール

脳が選び出している0・00036％を「望まない」世界ではなく「望む」世界に向ける。欲しいものが「ない」世界ではなく「在る」世界に向ける脳のトレーニング、それが「未来先取り日記」なのです。

「未来先取り日記」のあらかじめ薄く印刷してある文をなぞり書きすることで、あなたの注意を「本当はあるのに今まで気づいていなかった」ことや「あなたが望む世界」に向けさせてくれる働きがあります。

例えば、24日目（Day24）のなぞり書きの文面は以下のようになっています。

「いい気分になる音声を選ぶ。耳に入ってくる音も自然と選ぶようになった」

普段は、毎日忙しさに追われ、どんな音が自分の耳に入ってきているか注意を向けたことがなかったかもしれません。かけっぱなしのテレビから悲しいニュースや事件、ゴシップの音声が聞こえてきていることにさえ気づいていなかったかもしれません。しかし、この文章をなぞることで「いい気分になる音声」に注意が向き、「自分にとってのいい気分になる音声はなんだろう？　そういえば、私はハープの音色が好きだった……」というように思考が「誘導」されていきます。

「いい気分になる音声・ハープ」に注意を向けるので、脳はその情報をキャッチしてあなたに教えてくれます。そして例えば、YouTubeを開いた時に「あ！　ハープの曲だ！　これ、とってもいい感じ。いい気分になれそう」という音楽に「偶然」出会うのです。

あなたは気づいていないので偶然のように感じますが、これはあなたが「いい気分になる音声・ハープ」と指令をしたので、脳が自動的に探してきてくれたのです。

もうひとつの例を挙げましょう。Day29のなぞり書きの文は「非凡な豊かさであふれる日常。当たり前すぎて普段気づかない豊かさについて考えた」となっています。現状は経済的に苦しくて「お金がない。もっと豊かになれればいいのに」と思っているとしましょう。この文章を読むことで、「当たり前すぎて普段気づかない豊かさ」に注意が向き、脳が探し始めます。

「当たり前すぎて普段気づかない豊かさか……私にとっては何があるだろう？　そうか。家族がみんな健康であることも、当たり前すぎてこれまで気に留めたこともなかったけど、よく考えてみたらそれも豊かさに入るのかもしれない……本当はありがたいことなんだな」

こういういうふうに思考が「誘導」されていくのです。

「望む」世界に注意を向けると「望む」ことを脳は探してきてくれます。

あなたが今、見えていないもの、「ない」と思っているものも実はすべてあります。イラストの中にお店の名前もあったように、愛も豊かさも幸せも、あなたが望むものは、本当はすべてすでに「在る」のです。見えていないだけ。認識できていないだけ。あなたが注意を向けるとあなたの「世界」に現れます。

「望む」世界に注意を向け、脳に指令して探させる。これを誘導してくれるのが「未来先取り日記」なのです。つまり、「未来先取り日記」は、今までいつもよく見ていた「ゴジップや事件事故の特集番組」から「ハープの誕生と美しい音色の秘密」に一瞬で切り替えてくれる、テレビのリモコンのようなものなのです。

「願いがかないやすい心」になってくる

膨大な情報がＳＮＳやインターネット上にあふれ、何事もスピードと効率を求められる情報社会に私たちは生きています。メッセージを送る時もＳＮＳやメールを使えば地球の裏側でも一瞬で届けることができるという大変便利な時代になった反面、一文字一文字ゆっくりと、心をこめて自分の思いを手紙に書くことや、書くという作業を通じて自分と向き合い、自分自身と対話する内観の時間を取ることを、私たちはほとんどしなくなったのではないでしょうか？

「未来先取り日記」の最初になぞり書きできるように文章が書いてあるのには、大切な理由があります。

それは「思考を止めて心を静める」ということです。私たちは朝起きてから寝るまで、頭の中で絶えず思考が回っています。あるデータによると一日に出てくる思考は一説ではなんと約６万回もあるそうです。

口には出さなくても、「まずい！　寝坊した。なんでアラーム鳴らなかったんだろう？」「今日は曇ってるな。天気予報では雨が降るとは言ってなかったけど傘を持っていったほうがいいかな」「あ！　明日締め切りの課題（仕事）があったんだった。思い出してよかった」「今日の晩ご飯は何にしよう」etc.etc.……。次から次に思考が出てきて頭は休まる暇がなく、リラックスできていません。

なぞってマインドフルネス効果

「未来先取り日記」には毎週のテーマがあり、あらかじめ薄く印刷してある文を毎日なぞるようになっているのですが、もし普通の日記のようにページが空白で、すべて自分で書かなければいけないとしたら、次のような思考が出てくるでしょう。

例えば、

「Week4のテーマは〝いい気分〟なのか。今、いい気分なんて言っているような状況じゃないのになんて書こう？」

「私なんて欠点だらけなのに〝自分の魅力〟なんて思いつかないから書けないわ」

しかし、「未来先取り日記」ではすでに書いてある文章があるので、自分で何を書けばいいか考える必要がありません。つまり、思考をシャットアウトして、ただ無心に文字をなぞることだけに集中できるのです。

これは写経と同じような効果があります。「今、この瞬間」に起こっている自分の体験に注意を向け、ペンを持つ感覚を感じ、書いてある文字を見て、ゆっくりていねいになぞることだけに全神経を使います。「今ここ」にいる練習をすることができるマインドフルネス体験になるのです。

やってみればわかりますが、わずか2～3行の短い文章ですが、一文字一文字ゆっくりていねいになぞるだけで、心が静かになり、感覚が研ぎすまされていきます。これまで聞こえていなかった鳥のさえずりに気づくかもしれません。部屋に漂っている香りにも気づくかもしれません。この状態は瞑想やある種の呼吸法によってもたらされるものに非常によく似ています。

瞑想をすると、精神を安定させてくれるセロトニンや、究極の快感ホルモンといわれるβエンドルフィンという脳内物質が分泌され、リラックスした状態になれることはすでに科学的にも解明されています。

なぞり書きをした後に自分で考えて日記に文章を書く場合は、このようなリラックスした心静かな状態で書くことができます。

思考で頭がいっぱいの時は直感も受け取ることができず、いいアイデアも浮かんでこないのですが、リラックスできると、脳波もα波になりやすく、創造性が高まります。

なぞり書きした文章から連想されるイメージも湧きやすくなり、書いた文章が実現した場面をイメージすることも簡単にできるようになります。そして、そのイメージが無意識に定着しやすくなるのです。

直感の賞味期限は短い！

例えばDay46のなぞり書きの文は「直感の賞味期限は短い。ふと思ったことをすぐやってみたらうまくいった」となっています。この文章を無心になぞった後に、「そういえば前から行きたいと思っていた草津温泉のことがさっきふと浮かんだ」と思い出し、以下のように文章を書いたとします。

「以前から行きたいと思っていた草津温泉に急に行けることになった。すごいタイミングで夢がかなってうれしい！　ありがとう」

そして日記を書いた後、何気なくパソコンを開いたらそこに飛び込んできたのが「草津温泉への格安旅行!!」という広告。調べてみたら申し込みは今日まで。すぐに申し込み、信じられないような格安価格で草津温泉に行けることになった。そんなことが本当に起こるのです。

手で書くという動作の効果

手で書くという動作自体も、タイプすることと比べて実は大きなメリットがあります。アラン&バーバラ・ピーズの『自動的に夢がかなっていく　ブレイン・プログラミング』によると、タイプするのに必要な指の動作はわずか8種類なのに対し手書きに必要な動作は1万種類にも及ぶそうです。

あなたが「望む」ことを手書きすることで、必要とされる複雑な指の動作が脳の中での神経回路を活性化させ、あなたの望みや夢への思いが脳に伝わりやすくなるのです。

このように「未来先取り日記」はあなたの心を静め、「今ここ」にいてリラックスした状態に導いてくれます。

心を静かにして「未来先取り日記」の文章をなぞり書きすることは、これから植える種がよく育ついい土壌を準備するようなものです。あなたが植える「夢の種」がすくすく育って花を咲かせてくれる心の状態にしてくれるのです。

「ご機嫌なイメージ」をうまく使えるようになる

私たちの想像力には信じられないようなパワーがあります。イメージの力がどれだけパワフルで、体調や心の状態にまで影響を与えているかは、いろいろな研究でわかってきています。

脳は実際に起こっていることとイメージしていることの区別がつきません。トップアスリートがイメージトレーニングにかなりの時間を費やすのは イメージトレーニングだけで実際にパフォーマンスが上がるからです。

羽生結弦選手は、まだやったことのない新しい技に挑戦する時、必ず頭の中でイメージをし、自分が跳んでいる姿を「未来先取り」して見ているのです。

イメージトレーニングでできることはそれだけではありません。細胞を変えることまでできるのです。イメージトレーニングだけで筋力がアップする研究結果を示す論文が、スポーツ心理学の分野ではたくさん発表されています。

何をイメージするかによって気分や考え方にも影響が及びます。将来の最高の自分をイメージすることや感謝できることを書き出すことは、幸福度や健康を向上させることに影響するという研究結果がポジティブ心理学の分野でも報告されています。

ハッピーでいたいなら、まず「言葉」を変えよう

未来先取り日記の最初のなぞり書きの部分は「望む世界」をイメージさせてくれます。その鍵は「言葉」です。

例えば、「目を閉じてイメージしてください」と言われても「？・？・？」となり、意味がわからず何も出てきませんが、「目を閉じてバナナをイメージしてください」と言われるとバナナのイメージが頭の中に浮かびます。このように、イメージは言葉から喚起されます。

「環境破壊」という言葉からは「環境破壊」のイメージが生まれ、「これから地球は大丈夫だろうか」という思考が生まれ、憂鬱《ゆううつ》な気分になり、心が苦しくなります。

言葉を変えると…

言葉	環境破壊	美しい地球
↓		
イメージ		
↓	↓	↓
思考	地球は大丈夫?	生かされている
↓	↓	↓
感情 感覚	不安 胸が苦しい	感謝 心が温かい

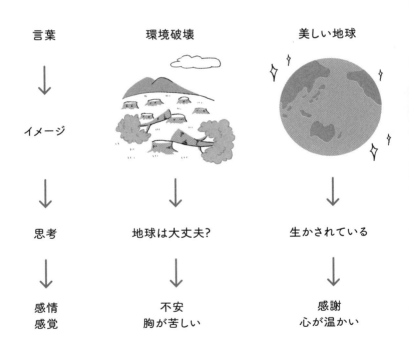

「美しい地球」という言葉からは「美しい地球」のイメージが生まれ、「私たち人間は生かされているんだ」という思考が生まれ、「ありがたい」という感謝の気持ちが生まれ、心が温かくなります。

このように「言葉↓イメージ↓思考↓感情↓体の感覚」とつながっていくのです。

ですので、いつもいい気分で過ごしたい、幸せを感じていたいと思ったら、まず言葉を変えることです。「未来先取り日記」にはあなたが「望む」世界をイメージさせてくれるような言葉が意図的に含まれています。

願いをかなえる最強の方法

イメージすることが苦手、という人がいますが実はそんなことはありません。想像力は誰もが持っています。ただ想像力を引き出すきっかけになる言葉を自分に投げかけられているか、そしてその言葉を「望む」ことに向けているのか、「望まない」ことに向けているのかの違いだけです。

「望む」ことをいつもイメージしている人はいつもご機嫌でワクワクしています。「望まない」ことをいつもイメージしている人は不安や嫌な気分という感情を感じることが多くなります。自分で気づいていないだけで、必ずどちらかに想像力を使っているのです。

「かなえたい夢を、まるですでにかなっているように鮮明にイメージをして五感で感じ、その時の感情を経験する」というのが、願いをかなえるための最強の方法なのです。「まるですでにかなっているように」の部分がまさに「未来先取り」のことなのです。

「未来先取り日記」を毎日つけていくことによって、あなたがすでに持っている素晴らしい想像力を、「望む」世界を実現するために使えるようになります。

「プライミング効果」で知らず知らず行動が変わる

また、クイズをしてみましょう。

Q1）今から1分間で、左の余白に果物の名前をできるだけたくさん書いてみてください。

Q2）「赤いもの」を3つ。瞬間に思い浮かんだものを書いてください。

Q2でどんな赤いものを書きましたか？　おそらく3つの答えの中に、「りんご」や「いちご」を書いたのではないでしょうか？

Q1で、もし車に関する質問をされていたら「赤いもの」といわれると「信号」や「消防車」が出てくる可能性が高くなります。

このように、人間の思考や行動は、その前に与えられた言葉や、何気なく見せられた画像、何気なく聞かされた音声などの情報に、実は知らず知らずに影響されているのです。これは心理学ではプライミング効果と呼ばれています。

「高齢者」に関する言葉をたくさん見せられると、本人は気づかないのですが、その後の歩く速度が遅くなったり、「ランナーがゴールを切っている写真」を先に見せられると、知らず知らずに仕事の成果が上がるというような、プライミング効果に関する研究結果は数多く発表されています。

本書の後半に収めてある「未来先取り日記」のなぞり書きの文章も、実はこのプライミング効果が働くことを意図して作ってあります。

例えば、Day10のページを開けるとなぞり書きの文章がまず目に入りますね。文章をなぞる時も当然目に入っています。そしてその後に、自分で考えた文を書いている時も、なぞり書きの文章はあなたの視界に入っています。

さらに次の日、Day11の新しい文章のなぞり書きをする時も、注意を向けていないかもしれませんが、前のページに書いてあるなぞり書きの文章は、実は視界に入っているのです。

いいことがいろいろ起こってきたら……

「未来先取り日記」は49日間続きますが、なぞり書きの文章は、不安ではなく安心、争いではなく平和、欠点ではなく長所、不足ではなく充足、病気ではなく健康、不満ではなく満足、絶望ではなく希望、文句ではなく感謝、不幸ではなくて幸せ、というように、「望まない」世界ではなく「望む」世界に注意が向けられるように作られています。

なぞり書きの文章を毎日毎日、何気なく目にするだけで、あなたの思考や行動は知らず知らず影響され、気づかないうちに「望む」ことを考えたり行動したりするようになっていくのです。

「未来先取り日記」の体験談で、「なぜかラッキーなことが増えた」「周りの人が優しくなった。不思議です」というようなコメントがよく寄せられるのですが、これは、本人は自分の思考や行動が変わったという自覚がないので、急に周りの人が優しくなったり、なぜかいいことがいろいろ起こるようになることを不思議に思うからです。

しかしそれは、自分では見えない顔の表情が柔らかくなっていたり、笑顔でいることが増えていたり、言葉遣いが変わっていたり、感謝の気持ちがあふれ出ていたり、気づかないところでその人自身の態度や行動が変わっている証拠なのです。

外側の「世界」はあなたの内側を映し出す鏡です。あなたの「世界」に現れている〝登場人物〟の態度が変わったり、起こってくる出来事が変わってきたら、「あ、私の内側が変わっていっているんだな」と思ってくださいね。

あなたも「未来先取り日記」をつけて、同じような感覚をぜひ体験してください。

「〝ワクワクいい気分〟の思考」が勝手にあふれ出す

「未来先取り日記」には、長い時間をかけて無意識に刷り込まれた自動的に出てきてしまう思考やイメージを、あなたが「望む」物事につながる思考やイメージへと、自然に書き換えてくれる働きがあります。

まずはクイズをやってみてください。

次の文章を読んだ瞬間に一番最初に出てきた言葉を（　　　　　　）の中に書いてみてください。

1）お値段以上（　　　　　　）♪

2）私には（　　　　　　）がない。

3）お金を稼ぐのは（　　　　　　）。

1）は、「お値段以上〇〇〇♪」と言われたら、日本人ならおそらく考えることもなく自動的に「ニトリ」がすぐ出てくるでしょう。「IKEA」という言葉は出てこなかったはずです。これは繰り返しによる脳の学習成果です。同じコマーシャルを何度も何度も繰り返し聞かされることによって「お値段以上」と言われると、自動的に「ニトリ」と出てくるようになったのです。

思考もこれと同じで、何度も繰り返され聞かされ刷り込まれたものは、考えずに自動的に出てきます。

例えば、2）の「私には（　　　　　　）がない」にはどんな言葉を入れましたか？

A）自信がない、お金がない、運がない、魅力がない、時間がない、人脈がない、才能がない、信用がない、勇気がない、希望がない、明るい未来がない、美貌がない

B）不安がない、心配がない、恐れがない、戸惑いがない、迷いがない、嘘がない、偽りがない、裏表がない、不可能なことがない

ほとんどの人がAグループの言葉を思いついてしまいます。Bグループの言葉を選ぶ人はごくわずかでしょう。Aグループの言葉が瞬時に出てきた人は、「(　　　　)が足りないから欲しい」と(自分で気づいているかいないかは別として)いつも考えているということです。つまり「(　　　　)がない」ことをいつも考えていることになります。

3)の「お金を稼ぐのは(　　　　)」の(　　　　)にはどんな言葉が入ったでしょうか?

A) 難しい、大変、辛い、できない、時間がかかる、無理

B) 楽しい、簡単、ワクワクする、大事、いいことだ、当たり前、最高

この問題でもAグループの言葉を思いつく人が大半ですが、Bグループの言葉を選ぶ人もいます。

「もう半分」「まだ半分」——あなたはどちらのタイプ？

冷蔵庫に入れていたチョコレートを半分食べられていたのを見つけた時、
「まだ半分も残っているからいいか～」と思う人。
「もう半分しか残ってない！」と思う人。

先輩にお願いのメッセージを送って返事が来ない時に、
「私は嫌われたのかもしれない」と思う人。
「今日は忙しいんだろう」と気にしない人。

ミスをして上司に叱られた時、
「ああ、自分はダメだな～」と落ち込む人。
「ミスして学べた。次からは気をつけよう」と捉える人。

セミナーに参加して、講師がこうやればうまくいく！　と言った時に、
「そうなんだ！　やってみよう」と思う人。
「えー？　そんなんで本当にうまくいくのかな？」と思う人。

「よく頑張ったね」と褒められた時、
「そう！　本当は自分はよく頑張った。えらい！」と思う人。
「いや、自分はまだまだ。もっと頑張らないと」と思う人。

自分がかなえたい夢を友人がかなえた時、
「これは私にも夢が近づいている証拠。きっと次は自分の番！」と思う人。
「あの人だけなぜ夢がかなって、私はかなわないの？　不公平！」と思う人。

事実はひとつでも捉え方は人によってさまざまです。どちらが正しいとか、どちらが優れている答えとか、というのはありません。

無意識に深く刻まれた思考が行動をコントロールする

この思考パターンの違いはどこから来るのでしょうか？「僕には自信がない」とか「私には魅力がない」なんて思っている赤ちゃんはひとりもいません。私たちは生まれた時には特別な思考パターンはなく、真っ白なのです。成長する過程の中で、家庭や教育の場などでいろいろなことを言い聞かされ、教えられ、今のあなたの思考パターンができあがっています。

特に一番影響が強いのは、子供の頃、親や親戚など近くにいつもいた大人から繰り返し聞かされた言葉で、あなたが覚えていなくても無意識に深く刻まれていることがあります。

例えば、事業に失敗して借金生活をしていた親を見て育ったら、「お金を稼ぐのは（難しい）」など、否定的な言葉が出てくるでしょう。逆に、自分の大好きなことをして人に喜ばれお金も稼いでいる親に育てられたら、「お金を稼ぐのは（楽しい・簡単）」など肯定的な言葉が入るでしょう。

私たちは、自分で考えて行動しているつもりですが、実は、育ってきた家庭環境や教育の中で無意識に刷り込まれた思考にほとんどコントロールされています。どちらの足から靴を履くか、考えずに行っているように、実は90％以上の行動は自覚なしに行われているのです。

「望むこと」「望まないこと」――どちらに意識がいきますか？

次ページの2つのイラストを見てください。

どちらのりんごに目がいきますか？　ほとんどの人は欠けたりんごのほうが記憶に残ります。欠けているものに自然に注意が向いてしまうのです。

職場や学校でひとりだけ意地悪な人がいると、その人のことばかりが気になってしまい、その他のたくさんいる親切な人には気づかないのと同じです。これがほとんどの人に刷り込まれた思考パターンなのです。

あなたは一日の中で、「望む」ことと「望まない」ことをどのくらいの割合で考

どちらに注意が向きますか？

欠けているほうに注意がいってしまう

えていると思いますか？

これは自分の感情を観察すればすぐわかります。「望まない」ことを考える時は不安や嫌な気分になります。「望む」ことを考える時はワクワクにやにや、いい気分になります。

あなたは不安を感じる時とワクワクにやにやする時とどちらのほうが多いでしょうか？　一日のうち、何時間くらいワクワクにやにやしていますか？

メディアから流れてくるニュースなどの影響もあり、私たちはついつい「望まない」ことばかり考えてしまいがちです。もし「望む」ことばかり考えているとしたら、一日中ワクワクにやにやしていることになりますが、そんな人はほとんどいないでしょう。そのくらい、「望む」ことではなく「望まない」ことを知らず知らず考えているのです。

例えば、「このオーディション受けて歌手デビューしたら、大好きな歌を毎日歌ってみんなに喜んでもらえるな〜〜〜♫」とワクワクしてオーディションに申し込む人よりも、「自分は才能ないし、どうせ受かるわけないし、夢みたいなことを思うのはやめておこう……」と受けるのもやめてしまう人のほうがきっと多いでしょう。

あなたの無意識に刷り込まれた思考パターンが、あなたの「望む」世界を映し出してくれているのなら何も問題はありません。しかし、もし今、あなたの「望まない」世界が映し出されているとしたら、無意識に刷り込まれた思考パターンを変えない限り、あなたの「世界」は変わらないのです。

思考パターンを書き換える方法

ではどうやって無意識に刷り込まれた、もう必要のない思考パターンを書き換えることができるのでしょうか？　それは簡単です。繰り返し、リピートです。

「お値段以上ニトリ♪」は何度も何度も繰り返されてあなたに刷り込まれました。

これを「お値段以上IKEA♪」と繰り返し歌い続けると、そのうちに「お値段以上」と聞けば「IKEA♪」と出てくるようになります。

あなたの思考も同じです。

「私には（自信）がない」から「私には（不可能なこと）がない」に、

「お金を稼ぐのは（難しい）」から「お金を稼ぐのは（簡単）」に、
自動的に出てくる言葉を書き換えることもできるのです。


この思考パターンの書き換えを手伝ってくれるのが「未来先取り日記」です。

毎日、最初に書いてある文を目で見てなぞって書いていくことで、そして声に出して読むことで、無意識に刷り込まれた思考パターンが徐々に変わっていきます。

「未来先取り日記」は各テーマについて1週間ずっと同じことを考え続けるように作られています。

例えば、Week5はテーマが「豊かさ」なのですが、これまで考えたことがなかったさまざまな豊かさについて考えることができるよう、なぞり書きの文が工夫されています。

これまでの人生で「豊かさ」を経験したことがない、あるいは今、豊かだと感じられない状況だとしても、「豊かさ」についての文章を毎日読み、そしてなぞり書きすることによって、まずは〝今ここ〟にある「豊かさ」に気づくことができ、少しずつ「豊かさ」が無意識に刷り込まれていきます。

これを何度も何度も繰り返すことで脳は「豊かさ」に関する情報を自動的に選んであなたに見せてくれるようになります。

なぜか、最近よくラッキー！

「未来先取り日記」を続けていくと、ある時、自動的に出てくる思考が変わっていることに気づく日がやってきます。

例えば、以前は月曜日の朝、目が覚めた時に自動的に出てくる思考が、「あ〜またこれから1週間仕事（学校）だ。早く金曜日がこないかな」だったのが、「あ〜今日からまた新しい1週間が始まる。どんな楽しいことが待っているんだろう⁉」という思考に変わっていることに気づくかもしれません。

新しい思考パターンが習慣になってしまうと、そこからは無意識による自動操縦。「望む」ことに一生懸命注意を向けることも努力も必要なくなります。

何も考えなくても「今日はどんないいことが起こりそうだろう？」「どんな新しい経験があるんだろう？」「今日は誰を喜ばせてあげようか？」「今日も朝、目覚めることができた。生きているだけでありがたいな～」などの思考が勝手に出てくるようになるのです。

少し前にも説明しましたが、脳はあなたが注意を向けるものを探してきてくれます。「望む」ことに焦点を当てる思考パターンが習慣化すると、脳はいつもあなたの「望む」ことを見つけてきてくれるようになるので、自然に「望む」世界が展開されるようになっていくのです。

「なぜかわからないけど、最近よくラッキーなことが起こるようになった」「私は何もしていないのに周りの人がなぜか優しくなった」など、あなたの感じ方も変わっていくでしょう。

Chapter

3

こう書いたら こんなことが起こった！ 人生が劇的に変わった 7つの物語

いいことがいっぱい！誰だって望みがかなう

この本が出版されるまで「未来先取り日記」は手作りの小冊子で、セミナーやワークショップのテキストのひとつとして実践していただいていました。参加者に書いていただき、数日たった頃に、

「いいことが起こった!!」

と、文章から驚きと喜びがほとばしりあふれるお礼のメッセージが届き始めます。

いただいたメッセージを読めば読むほど、年齢に関係なく、今どんな現状にあっても、特定の人だけでなく誰もが「未来先取り日記」を書くと、いいことが起こりやすくなる普遍的な法則を感じます。

私たちは「未来先取り日記」で、人生をさらに充実した素晴らしいものにしてい

ただけたらいいなと願っています。

やっていただきたいことは、お伝えした書き方通りに書くだけです。「朝3分『未来先取り日記』を書く」というシンプルな方法で、いいことがいっぱい起きて望みがかなっていく体験は、書いた人にだけ起こります。

ここで、あなたより少し前に書き始めた人たちから届いたメッセージをご紹介しながら、どう書いたら何が起こったかと、うまくいったポイントについて、お話ししたいと思います。

happiness 1

資金繰りの悩みが解消！キツネにつままれた気分です

50代の会社経営者・松本千さんは、堅実な感じがする男性です。東京で開催した「未来先取り日記」のワークショップに参加された2月11日に、会社の資金が不足することがわかっており、

「こんなところに来ていていいのだろうか」

と半信半疑でありながらも、わらをもつかむ思いで参加されたそうです。ワークショップでは、多くの時間を使って静かに「未来先取り日記」を書いていただきますので、

「こんなことで本当にうまくいくのかな」

と疑わしく思っているご様子が伺い取れましたが、終了後のアンケートには「体験談を聞けたので、納得の仕方が深かった」「とても楽しく、よく理解することが

できました。ありがとうございました」と書かれていました。

その2日後、千さんからメッセージが届きました。

2020年2月13日
おはようございます。早速、「未来先取り日記」の素晴らしい結果が出ました！　昨日の朝書いたのが、
「また今日も売上入金があがった！　うれしい。これで安心だ！　感謝します。注文もいっぱいに入り大忙し。安全でスムーズに回すことができた。お金が宇宙から集まってきている気がする！　ありがたいです！　感謝します！！！」
そしたら（資金が）フル回転。そして夕方銀行通帳を記帳すると、37万円の振込が入っていて、13日に支払う約束の27万円をバッチリ用意することができました！　素晴らしい！　うれしい!!　ありがとうございます！！！

千さんは素直に喜び、「未来先取り日記」を書くのが楽しみになったようです。

その5日後、また千さんから2度目のメッセージが届きます。

2020年2月18日
こんにちは！　またまたビックリの結果が出ました。予定していなかった注文が今日急に入り、20万～30万円の売上が今月プラスされることが決定!!　普通、今日のお客様からいただく仕事の場合は、見積もり→OK→時期をみはからって実施となり、時間がかかるものなんです。通年だと仕事がなくなる2月なのにビックリです。うれしいです。ありがとうございます！　感謝です!!

本当にお金が回り始めたことに驚きながら、結果を喜び、ワクワクしながら「未来先取り日記」を書くのが朝の習慣になった千さんに、その後もいいことが起こり続けます。

なぜ、こんなにうまくいったのか？

２０２０年２月29日
うちの会社、毎年２月は売上が上がらず、その上12月にドカッと売れた仕入れの支払いが来るので資金繰りが超厳しい時なのです。２月11日のセミナーも、実は「２月は厳しい時期なのにセミナーなんて来ていて大丈夫かな？」という気持ちで参加したのでした。

しか〜し、「未来先取り日記」を書いていく中で、いつもなら「あ〜今月もお金が足りない、どうしよう。困った！」とばかり考えていたのを、「キャンセル♪キャンセル♪」し（笑）「不思議と絶対なんとかなる！」「今日も儲かって笑いが止まらない♪」「幸せです。感謝します！」に変えていったところ、なんと、不思議となんとかなっちゃいました〜♪　２００万〜３００万資金が足りないと思っていたのに！　う〜ん。不思議だ。しかしうれしい♪　とりあえずご報告です。真由美先生、ヒロミ先生、ありがとうございます！

２０２０年４月22日
おはようございます。２月11日から書き始めた「未来先取り日記」を、本日書き終わりました。毎朝書くのが楽しく、確実によい結果に結びついていたと思います。続けていきたいと思います。

濱田先生、山田先生、ありがとうございます！

千さんには、なぜすぐにいいことが起こって、続いたのでしょうか？　その理由は、聞いた通りに素直にやってみてくださったことです。

深呼吸をして、現状からいったん離れて、ていねいになぞり書きをする。その後すぐに、今日、起こってほしいことを未来先取りで書く。

このやり方をシンプルに続けてくださった結果、「未来先取り」で朝に書いたことが、数日以内に実現するという体験が繰り返し起こりました。千さんのこれまでの〝当たり前〟だった「資金不足になる不安を抱えている日常」は、「お金がスムーズに回転する日常」に変わり始めます。

なんでやね～ん！　売上前年比プラス51・4％

2020年7月2日

コロナの影響で5月の売上は前年同月比マイナス20・2%でした。んがっ！先生方のお話を何度もよく聞いて、心を改めて「今日も儲かって儲かって笑いが止まらない♪」と周りの人々の喜ぶ顔を思い浮かべ、望ましい未来に焦点を合わせてルンルン気分でいたら、6月の売上は前年比プラス51・4%になりました。なんでやね～ん！　う～ん。まだキツネにつままれたような気分です。

でもいいんですよネ!?

過去の山田が、工事を依頼してきたオーナーに騙されて唖然《あぜん》とした時は、それまで幸せで物事がうまくいっていたために、うまくいかなくなり唖然として「キツネにつままれたような気分」になりました。

それとは逆に、千さんは「資金不足になる不安」をそれまで長い間感じながら頑張ってこられたので、無意識に刷り込まれて〝不安〟が標準になってしまっていたと考えられます。

自分では望んでいないつもりなのに、不安な状態にいるほうが「そうそう！これが慣れ親しんだ当たり前で落ち着くいつもの感じ！」と妙に納得して、頭では困っているのに、深層心理で安心してしまいます。そして、望んでいる通りになってくると、今度は「うまくいって当たり前」とは思わずに「キツネにつまれたような気分」になってしまいました。

不思議に思うかもしれませんが、例えば、いいことばかりが起こると「キツネにつままれたような気分」になり、「こんなにいいことばかりが続くはずがない」とか「悪いことが起こる予兆かも」などと思うことはよくあるのではないでしょうか。

千さんはメッセージの中で「心を改めて」ともおっしゃっています。「未来先取り日記」のなぞり書きをしてみると、だんだん無心になることに気づいていただけると思いますが、この時、過去の心の癖は消えていきます。

なぞり書きの文章は、誰が書いても、心が望む物事に向く文章にしてありますので、静かな心でていねいになぞることで自然とその言葉が心に刻まれていきます。「いいことが起こる」「豊かで幸せ」が、千さんの〝当たり前〟に自然と切り替わるまで、なぞり書きの部分を繰り返し続けていただけるといいなと思います。

happiness 2

５００万円欲しいと書いたら、５００万円がやってきた

40代の女性・のぶりんさんは転居されることになっていました。もし、５００万円あったら、新車と新しい家具が買えるのになと感じておられた時に、「未来先取り日記」を書き始められます。書き始めた直後に、５００万円が入ってくる体験をされて驚き、高揚した喜びの気持ちをそのままメッセージにして送ってくださいました。

２０２０年10月16日
転居のために、新生活やクルマ購入などの資金が入り用だったので、「未来先取り日記」の2日目に「５００万円の現金が転がるようにあっさりとやってきました！ ありがとうございました♡♡♡♡」とワクワクしながら書きま

した。そして、銀行の袋に、本物のお札のように見えるメモパッドと1万円を重ねて入れて、チラッと袋から100万円の札束がいかにもありますよ～というような感じにして家の中に、まるで当たり前のように札束があるかのように置き、自分の脳に刷り込みました。

翌日の日記には、具体的に何に使うか箇条書きしました。すると、「500万円の現金が転がるようにあっさりとやってきました！　ありがとうございました♡♡♡♡♡」と書いてから3日後のことです。本当は10年かけて戻ってくるかどうか。いや、戻る見込みのないお金の500万円が!!　すんなり手に入ってしまったのです!!　これはもう、ミラクルでしょ!!　〝ありが太陽、幸せます！〟

のぶりんさんは、朝に日記を書いたら本当に実現した気になり、うれしくて、ワクワクして、ニヤニヤしてその日を過ごされたそうです。それがよかったんじゃないかしらと、後日、教えてくださいました。また、お伝えした「メモ帳を使って、お金がある状態を楽しく想像できるクスッと笑える工夫」も、素直に実践してくださっていました。

個人的なことなので詳しく伺っていませんが、500万円は「貸したお金が返ってきた」といったところでしょうか。

最初にパッと出てきた数字が500万円だったのは、意識していないのに「あのお金が返ってきたら、新車や家具が買えるのに」と深層心理では悔しく感じておられたことが、とっさに浮上してきたのでしょう。

いただいたメッセージにある通り、これまでは「戻る見込みがない」とあきらめておられました。それが、「未来先取り日記」に「500万円の現金が転がるようにあっさりとやってきました！ ありがとうございました♡♡♡♡」と書くことで、「返却予定金」へと深層心理が変わります。

深層心理が切り替わった瞬間

自分が大切な人から大金を借りた体験があるとわかるのですが、騙すつもりで意図的に借りる犯罪のようなケースでない限り、「必ず返したい」と強く思っています。そして、貸した人が女神様のような温かい気持ちでいるほど、借りた人は「返したい」という気持ちが強くなる傾向があり、貸した人のその思いは不思議と借りた人に届きます。

のぶりんさんは、直接お相手に「返すつもりないでしょ」と詰め寄ったのでも、「あっさり返してくれると信じてるよ」と話したのでもありません。今回のケースでは、のぶりんさんの深層心理が〝パッ〟と切り替わったことが、お相手に以心伝心したのではないでしょうか。

そしてお相手は、手元に用意できた500万円を「これまでは他のところに回してきたけれど、今回は、のぶりんさんに500万円返したい」となんとなく感じて、その通りに行動されたのではないかと想像します。

例えば植物は、スピーカーから発せられる音の周波数によって、枯れたり青々と茂ったりと変化する実験結果があります。人の思考や感情に周波数があることについても、科学で解明されています。

のぶりんさんが発していた目には見えない深層心理の周波数が、お相手が枯れてしまう周波数から、青々と茂る周波数に切り替わったことが以心伝心して、結果を急変させることにつながったのかもしれませんね。

劇的な体験をされたことで、のぶりんさんに〝コツ〟が刻まれたことと思います。のぶりんさん、引き続き、お金以外のいろんなことについても「未来先取り日記」で好転させて、〝ミラクルでしょ!!〟という体験を増やしていってくださいね。

あなたにも、のぶりんさんのように、いろんなことが好転する体験をぜひしてほしいと思います。

happiness3

念願の仕事を始めることができた理由

フローラともこさんは50代の女性で、家庭的で優しいお母さんです。ずっと続けてきた仕事を退職した後に「未来先取り日記」に書いたことが、1年半後に実現し始めたそうです。

「好きなことで人に喜んでもらえる、癒しの仕事を喜んでしています！」と「未来先取り日記」に書いたら、その1年後、後押ししていただける方のご縁に恵まれて、セラピストとしてのホームページを立ち上げることができました。1年半たった今、少しずつ「好きなことで人に喜んでもらえる癒しの仕事」ができるようになりました。

「こんな仕事ができたらいいのになぁ」と思っておられたフローラともこさんは、実現するとは思えなかった夢の仕事について「未来先取り日記」に書かれました。心の内側にあることは目にも見えず耳にも聞こえません。それを文字にして書いた言葉を、目で見ることになり、次の思考やイメージが誘導されていきました。

「イメージしてください」とだけ言われても「なんのことだろう。何について、どうすればいいのだろう」と疑問がふくらむばかりで「月をイメージしてください」と言われれば、「月」や「月が空にある風景」のイメージが、人それぞれに浮かびます。これと同じで、漠然と考えているだけのことを「言葉」にすることで、思考やイメージへとつながっていきます。

フローラともこさんは、きっとこれ以外にも、仕事について言葉にして「未来先取り日記」に書かれたのではないでしょうか。それぞれの言葉から、次の思考やイメージが誘導されてふくらんでいくうちに、ふとそのことについて話したり、必要な物事に目が留まるようになります。無意識に、結果につながる行動もされたのかもしれませんね。

このようにして、「未来先取り日記」に書いたことは、実現していくのです。

happiness4

「嫌だな」と思った人ともいい関係

H・Nさんは、「未来先取り日記」を書き始めた初日に人間関係が改善する体験をされました。

1日目（Day1）に「私が思っていることをハッピーに表現をし、相手にもハッピーに伝わり、良好な人間関係を築いた」と、〝誰〟と特定せずに書きました。その日に、ネガティブな思考が湧いた人がいたのですが、夜にメールが来て、私が勘違いしたことが原因だったと気づきました。3ヶ月たった今でも大切な良好な関係が続いています。

初日なのでコツもよくわかっていなかったはずだけど、書いたことによって

「私が思っていることをハッピーに表現をし、相手にもハッピーに伝わり、良好な人間関係を築いた」ということが、潜在意識に刷り込まれていたのかな、と思います。3ヶ月たっても、その意識の持ち方をキープできているのか、良好な関係が続いているので、自分をクリアリングできたのかもしれないなと感じています。


人間関係に悩んでいる時には、つい、「あの人のここが悪い。嫌な人」と相手を批判して、「こう変わるべき」と、どうにかして変えようとしてしまいます。そして、人間関係は一向によくなりません。鏡に同じものが逆に映るのと同じように、相手もあなたに同じ考えを抱いているからです。

「負けるが勝ち」という気持ちで、自分が変わってみることで、相手が変わります。

「未来先取り日記」には、他人への批判は横に置いておき、自分がいい気分になる文章だけを書いていきます。

「私が思っていることをハッピーに表現をし、相手にもハッピーに伝わり、良好な人間関係を築いた」と書いて、いい気分で一日をスタートしたH・Nさんの発言や表情は、優しく明るく相手に映ったでしょう。ひょっとして誤解されてしまったかなと相手が感じたので、「メールをしたら受け入れてもらえるかも」と、その夜に送ってきてくれたのかもしれませんね。

自分が変わることが一番

別の例ですが、これと似た話があったのでご紹介しましょう。

ある時、外資系の企業のチームリーダーの女性が「チームメンバーが協力してくれないので、いつも私のチームの成績が悪いのです」という悩みを打ち明けてこられたことがありました。

そこで、「チームメンバーを変えて、いい成績をあげるためのアドバイスをするのではなく、メンバーのよいところを発見して、ひとりひとりにそれについて感謝していると話すようにしてみてください」とお伝えしました。

早速この女性は素直に実践をしてくれました。すると、驚くべきことが起こったのです。「あなたのためなら、なんでもします」と、チームメンバーが激変し、「世界1位」となったこのチームが表彰されたのです。

このことを報告してくれた彼女は「あなたのチームでよかった！」「あなたのためならなんでもやりたい！」と言ってくれるようになったと、感激しながら話してくれました。

この例のように、相手に対して「嫌だな」「変わってほしいな」と思うことがある時には、自分が変わることが最善最良の方法です。とはいえ、なかなか直接は伝えにくいことも多いでしょう。そんな時は、H・Nさんのように「未来先取り日記」に書いてみてください。きっと何かが変わり始めます。

happiness5

執着を手放せたから、ついに家の建て替えが始まった

40代のN・Yさんは、アロマヒーリングセラピストをされています。「未来先取り日記」に心地よい空間について書いたことがきっかけで、家を建て替えることになったそうです。

2020年7月11日スタート～2020年9月10日終了
Day3に「家がとっても心地よい空間になった。お客さんもよく来られてくつろぎのスペースになっている。水回りもとってもよい！　キッチンがすごくいい！　料理をするのもすごく楽しい!!」と書きました。

この8～10日後くらいに、突然、家をリフォームする話が浮上！　あれよ、

あれよと話が進み、さらにリフォームではなく、建て替えにまで話が発展！念願の私の仕事部屋もできることに！

実は、旦那さんが家のことについて全然動かなかったので「まぁこのままでもいいか」とあきらめかけていました。そこで、執着を手放すことにして、「未来先取り日記」にこの文を書きました。すると、家のことについて何も話をしていないのにもかかわらず、なぜか旦那さんのスイッチが入りました！

そのまた1週間後くらいに、予約していた山田ヒロミさんの『宇宙とつながる〝お部屋の魔法〟生まれ変わったみたいに人生にいいことがいっぱい起こる本』がいいタイミングで届きました。

まだ着工は先ですが、着々と話が進んでいます。旦那さんとイメージをめいっぱいふくらまし中です!!

「やれ」と言われるとやる気が失せる

今から宿題をしようと思っていた時に「宿題はやったの！　早くしなさい！」と

親に言われて、さっきまでやるつもりだった気が失せてしまい、逆にやめてしまったという経験はありませんか。大人になってからも、言われなくてもわかっているのに「こうだよ」と頭ごなしに言われて素直になれず、「いや、違う」なんて、思っていることと違う主張をしてしまったり、黙り込んでしまったという経験があるかもしれませんね。

N・Yさんのケースでは、旦那様は心地よい空間にしたいと思っている奥様の望みをかなえてあげたいと密《ひそ》かに思っていらっしゃったのでしょう。ところが、自分の思いを知らずに切り出される快適空間計画の話に、どこか素直に参加できなくなってしまっておられたのではないでしょうか。

「家がとっても心地よい空間になった。お客さんもよく来られてくつろぎのスペースになっている。水回りもとってもよい！　キッチンがすごくいい！　料理をするのもすごく楽しい!!」と書かれてから突然リフォームの話が浮上した8〜10日後まで、奥様は家の話をされなかったのではないでしょうか。

「まだやっていないの！」と問われなければ、すぐ取り組んでいたはずの小学生の宿題のようになってしまっていたのかもしれませんね。

実は、山田は小学1年生から2年生の間、「すぐ答えを話すため授業にならない」という理由で、「本を毎日1冊読んで、ノートに感想文を書いて担任に提出するように」という課題を出されていました。言いたいことがいっぱいあって我慢できなかったのが、担任のこの素晴らしい作戦でおさまり、静かに黙っていられるようになったのでした。

「未来先取り日記」も、これと同じ効果があると思います。

happiness6

「不安いっぱい人生」から「ワクワク人生」へ

H・Yさんは70代の女性で、先にご紹介した「500万円欲しいと書いたら、500万円がやってきた」のぷりんさんのお母様です。お嬢様と同時に、「未来先取り日記」を書き始めて、7週間49日間を続けてくださり、メッセージをくださいました。

2020年9月6日

「未来先取り日記」が7月2日に届いてから49日間続けてみて、これで終わりではなくてもっと続けたい気持ちが強くなりました。新しい日記が出るまで、鉛筆書きの上を青ペンでなぞっているくらい気に入っています。

前向きの言葉の美しい文字をていねいになぞっていると、心の中に染み込んでいきます。

いつも望むことや前向きのことを書くので、自分が明るく前向きに考えられるようになったと思います。私はこれまで、どちらかというと心配症で不安になったり、悲劇のヒロインになることが多かったのですが、今は余生を明るく、楽しく、ワクワクの人生にしたいと考えるようになりました。

「未来先取り日記」を書くと自分の望みを引き寄せるようで、いつのまにか自分の望んだことや願いがかなっていることに気づきました。

例えば……。友達との月1回の食事会がコロナの影響で6ヶ月も開けず、陽性患者が増えている時、私たちは立派な後期高齢者なので集まることをあきらめかけていました。「未来先取り日記」に「引っ越しする前に、友達みんなに会うことができました。久しぶりに再会して友情を温めあい、紹介したい本を手渡しすることができました」と書いたら、みんなの熱い気持ちが実って、マスクをして無事に会うことができ、ご本も渡せました〜!

メモ欄はその日の体調や出来事を書く日記のようになり、とても役立っています。いいことばかりなので、友達にも勧めたいです。毎日書くのが楽しみになっています。

真由美さん、ヒロミさん、感謝、ありがとう!!

心配に時間を使うのはもったいない

H・Yさんと同じように、老後の人生を不安に思っておられる方は、多いのではないでしょうか。世界的なアクシデントによって制限がある生活で、さらにその不安は広がります。そんな時「未来先取り日記」を書き始めてくださり、本当によかったと思います。

まだ起こっていないことを心配するために、可能性に満ちた今日の時間を使ってしまうことほど、もったいないことはありません。現実にそれは起きておらず、頭と心の中にだけしか存在しません。

どんな状況下にあっても、自由で無限の可能性を秘めているもの、それは心です。私たち人間に平等に与えられているものは、生と死と心ですが、生と死は自由になりません。その中で、唯一自由な〝心〟が不自由になった時、人は不幸になります。

「未来先取り日記」で、Ｈ・Ｙさんの心は自由になりました。そして、どんな状況にあっても、幸せでいるコツをつかまれました。

社会状況というのは刻一刻と変わってゆくものです。変化したことを不安に思うたびに、不幸になっていきます。忘れないでほしいのは、周りが今どのような状況であっても、心は自由だということです。もともとは自由な心を制限や不安で不自由にしているのは、自分です。

たとえ何歳であっても、どのような状況にいても「未来先取り日記」で自由な心を取り戻し、幸せな今を満喫していただきたいと願います。

happiness 7

私はすでにすべてを持っている

須田三枝子さんは3人のお子さんを持つ女性で、次女に障害があります。これまでは「どうして私だけがこんな辛い目にあうのだろう」と嘆くことも多かったそうです。ところが「未来先取り日記」を書くことで、三枝子さんの心が変わり、起こる出来事も一変してゆきます。

2020年7月16日

「未来先取り日記」今朝で3週目となりました。7月2日から毎朝の習慣となりました。朝シャワーを浴びてスッキリし、大好きなブルーのペンや、美味しいハーブティーや、最近はレモン水をゆっくりいただきながらの至福の〝朝金時間〟となりました。

今朝のテーマは「新しい習慣」だったので、スラスラ自分の今日を前向きに書くことができました。

最初の1週間が終わった頃は……できないこと、ないものねだりの私でしたが、「あ〜、私はすでにすべてを持って存在しているんだなぁ〜」と実感する毎日です。それとね！ いつもカードの支払いが多いと叱られる私ですが、なんと主人の口から、「節約してくれてありがとう」と言ってもらって、〝ビックリぽん〟の私でした。

私的には生活費が予算オーバーだったので、一言小言を言われると思っていたのです。「ありがとう」には驚きでした!! 中間報告ですが、ずっとずっと続けていきたい「未来先取り日記」です。

2020年8月22日
「未来先取り日記」49日を終えて、2冊目。今朝で52日になりました……。
朝の3分金時間。
3人の子がお弁当の頃だったらこんなにゆっくり楽しめなかったと思います

が、それぞれ成長していき7月2日から書き始めた「未来先取り日記」がいつの日からか楽しい習慣になっていました。

早起きしてシャワーを浴び、美味しいお水を飲みながら、落ち着く曲をかけ、好きなアロマの香りの中で持つ朝の3分金時間が至福の時間になっていました。毎朝、今日をどんなふうにクリエイトしようかと思っただけでワクワクしながら書いていています。

特に38日目は、自分の誕生日でもあり、6週目のテーマが「自分の魅力」、そして38日目のなぞり書きは「ありがとう」でした。すでに未来先取りをしていた通りに、主人から言葉で「お誕生日おめでとう」と言ってもらえ……、朝からびっくりしました。昨年までは、メールだったから……。

私には、21トリソミーを持つ一番下の娘、ちひろがいます。

上のふたりが成長して私から離れていき、主人とも話もしなくなり、ちひろを私ひとりで育てていて不平不満ばかりでしたが、朝、日記を書きながら、ちひろの可愛い寝顔や、歌を歌うと大喜びしてくれる何もできないちひろの存在の中にすべてがあること、私はすでにすべてを持っていることに気づき始めたのです。

毎朝、日記に「今日も元気で過ごした」と書いています。休むことなく生活介護施設へ送る10分のドライブ中には、私たちふたりの好きな歌がカーラジオからかかります。特に、ましゃ（福山雅治）のライブにはこの5年間ずっーと一緒に行っているので、イントロからわかるようで大喜びします♡

なかなか、思うように遊びには連れていけなくなりましたが（コロナ禍だったため）……私の未来先取りで、来週はキャンセルすることなく、ちひろと仲よしの友達親子で東北の温泉へ行きます。「未来先取り日記」の先輩のT・Tちゃんにもリアルで会えてとても楽しく過ごしている私たちが見えています。

2020年9月22日

「行きたかった秋分の日のワークショップ・フェスティバルに、ちひろと一緒に主催者から招待されました〜ありがとう！」と朝6時過ぎに書きました。そしたら、本当に招待されました〜！　本当は高額なのに。

ちひろが先に招待されて、付添の私も入れるかどうか問い合わせていたお返事がまだない状態で、見切り発車で出かけたのですが、会場に着いたらVIP対応で、社長自らが席まで案内してくださいました。しかもちひろが、6時間に及ぶ初めてのワークショップで、主催者さんに直接声をかけてもらったことで、会場のみなさんが愛のエネルギーに包まれるという奇跡を引き寄せたのです。

朝の6時過ぎに書いた、その日一日の先取り♡　実際にそのようになりました～。

あなたにも灯り続ける〝希望の光〟がある

三枝子さんは、大切なはずのお嬢さんのひとりに21トリソミーという障害があることで、思うようにならないと感じる日々を送られてきました。そして「どうして私だけ」と、他の人と比べて自分は不幸だと思っておられたようです。

「未来先取り日記」は、大切な自分自身との対話です。SNSで見栄えのいいことだけを投稿したり、人と会話したり、いいねと言ったり、論議するのとは違い、誰にも聞かれず知られずに、気兼ねなく本心を打ち明けることができます。

書いていくうちに、心の中にあったわだかまりは、消えてゆきます。人と比べるのではなく、自分の中にすでにある大切なものを発見することができます。

どんな時も、この世には希望の光が灯り続けています。下を向いてうなだれている頭を少しずつ上げて、その光の存在に気づくことさえできれば、遠くに灯る光を見つけて、その方向に一歩一歩進めるのです。

暗い雲の上ではなく、自分のすぐ近く……心の中で、ずっと輝き続けている太陽……三枝子さんの場合は、ちひろちゃんでした。その明かりで見つけた出口にたどりつくまで、ずっと黙って寄り添ってくれるのは、「未来先取り日記」……それを書いている自分自身です。

実践

「未来先取り日記」

「未来先取り日記」はダウンロードすることができます。
本には直接書き込みたくない方、
49日間を終えて、2巡目、3巡目にチャレンジしたい方は
ぜひお使いください。

Week
1
ちょっとした ラッキー

Before

嫌なことにばかり
目を向けていた

↓

After

いいことに目を向け始め、
知らず知らず「選択的注意」が働く

年　月　日

DAY 01

朝の三分間は金時間。
今日がいい一日になるイメージを
未来先取り日記に書き始めた。

memo

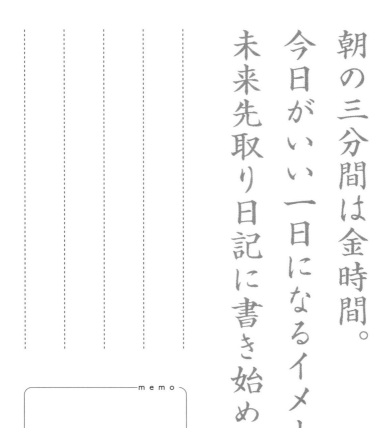

年　月　日

DAY 02

体験がすべて。
日記に書いた小さないいことが
起こる体験をした。

memo

年　月　日

DAY 03

楽しいことは続けられる。未来先取り日記を書くのが楽しくなってきた。

memo

年　月　日

DAY 04

朝の気分が一日を作る。
いいことに目を向けたら
小さないいことが起こった。

memo

年　月　日

DAY 05

幸運のコツはいい気分でいること。
今日はずっといい気分でいられた。

memo

年　月　日

DAY 06

物事は「とりよう」。
よいように
物事をとることができた。

memo

年　月　日

DAY 07

すべてはすでに手の中に。
いつもあるのに
気づかなかったことに気づいた。

memo

Week

2

仕事・家事・勉強

Before

嫌だ嫌だと思いながら
仕事・家事・勉強をやっていた

↓

After

視点が変わり仕事・家事・勉強の中に
楽しみを見い出せる

年　月　日

DAY 08

何事も工夫次第。
手書きの書面を、ラブレターを
書くつもりでていねいに書いた。

memo

年　月　日

DAY 09

作業は早く、創造は大きく。
ルーチンを早く終えて
創造的なことができた。

memo

年　月　日

DAY 10

物質の元はすべて同じ電子原子。
自分の体をいたわるように
家を掃除した。

memo

年　月　日　DAY 11

愛情が味を左右する。
自分や大切なあの人を思いながら
料理を作ってみた。

memo

年　月　日

DAY 12

衣類は体を守っている。
いつもより
洗濯物をていねいに扱ってみた。

memo

年　月　日

DAY 13

学びはまねび。うまくいっている人のやり方をまねてみたらうまくいった。

memo

年　　月　　日　　DAY 14

学は身を助く。
将来役立つ情報をインストールするイメージで勉強できた。

memo

Week
3

新しい習慣

Before

ずっと身につかない
習慣があった

↓

After

習慣にできるかもしれないと
思えるようになる

年　月　日

DAY 15

習慣が人生を左右する。
いらなくなった
過去の習慣を手放せた。

memo

年　月　日　DAY 16

断る勇気は大きな一歩。気が進まない飲み会に欠席すると連絡できた。

memo

年　月　日

DAY 17

しばらく休むと思うのが楽。
やめたい習慣を
今日は休むことができた。

memo

年　月　日

DAY 18

決心の強さは結果に比例する。
過去の習慣を
ひとつ手放すと決めた。

memo

年　月　日

DAY 19

まず始めてみることが大事。
今日から
新しい習慣をひとつ始めた。

memo

年　　月　　日

DAY 20

断続的でも繰り返せば習慣に。
新しい習慣をまた今日もできた。

memo

年　月　日

DAY 21

習慣が自分を作る。
意識しなくてもできる
新習慣を身につけた。

memo

Week
4

いい気分

Before

嫌な気分でずっと過ごして、
嫌なことが起こった

↓

After

いい気分で過ごせる時間ができ
いいことが起こり始める

年　月　日

DAY 22

気分を害す映像や音声は消す。嫌な気分になる物事を見ないようにできた。

memo

年　月　日

DAY 23

チャンネルを変える。いい気分になる物事を見ようと意識できた。

memo

年　月　日

DAY 24

いい気分になる音声を選ぶ。
耳に入ってくる音も
自然と選ぶようになった。

memo

年　月　日

DAY 25

内面に目を向ける。
気分がよくなることは何？
と考えてみることができた。

memo

年　月　日

DAY 26

初チャレンジは活気のもと。
前からやってみたかったことを
やってみた。

memo

年　月　日

DAY 27

安定した心を持つ。
いつもいい気分で
いられるようになってきた。

memo

年　　月　　日

DAY 28

気分は予兆。
いい気分でいると、
いいことが起こる気がし始めた。

memo

Week

5

豊かさ

Before

お金がない、あれがない、これがない
と感じていた

↓

After

今あることに
目を向け始める

年　月　日

DAY 29

非凡な豊かさであふれる日常。
当たり前すぎて普段気づかない
豊かさについて考えた。

memo

年　月　日

DAY 30

使う豊かさ。
仕組みは知らずとも、電気や
携帯電話を使えてとても豊かだ。

memo

年　月　日

DAY 31

いつも私と一緒にいる体。
望む通りの動きをしてくれる
特別さに感謝した。

memo

年　月　日　DAY 32

生きてるだけで丸儲け。
宇宙的な確率で生まれた
豊かさに思いを巡らせた。

memo

年　月　日

DAY 33

誰かの役に立てる豊かさ。
小さな親切で豊かな気分でいたら
面白いことが起こった。

memo

年　　月　　日

DAY 34

目に見えない豊かさ。
ゆったりと豊かな気持ちで
いられること自体が幸せだ。

memo

年　月　日

DAY 35

すべてはすでにある。
ありのままそのままが
ありがたく思えるようになってきた。

memo

Week

6

自分の魅力

Before

ここが嫌、あれができない、
魅力がない、と卑下しがちだった

↓

After

短所だと思っていたことが
個性だと気づき、伸ばすきっかけを得る

年　月　日

DAY 36

満ちた円より
欠けた円に人は惹かれる。
欠点と思っていたことは魅力かも？

memo

年　月　日

DAY 37

欠点は個性。
欠点と思っていたことを
「君らしくていいね」と褒められた。

memo

年　月　日

DAY 38

ありがとうポイント。
「ありがとう」と言ってもらえる
得意なことを発見した。

memo

年　　月　　日

DAY 39

好きこそものの上手なれ。
時を忘れて熱中できることをする
時間を増やした。

memo

年　月　日

DAY 40

残念はチャンスの母。
それができるようになったら
私は無敵だと気づいた。

memo

年　月　日

DAY 41

静かな時間が魅力を作る。
少しの自信が持てるくらいまで
得意なことを磨くことに決めた。

memo

年　月　日

DAY 42

内面の輝きに人は集まる。ありのままの内面を磨くやり方がわかった。

memo

Week
7

シンクロニシティ

Before

いいことが起こっても、
そんなの単なる偶然と思っている

↓

After

もしかしたら自分の考えがシンクロニシティを起こして
目の前に現れるのかもと思える

年　月　日

DAY 43

必然的偶然。
偶然だと思っていることに
本当は意味があるのかもしれない。

memo

年　　月　　日

DAY 44

二回続く偶然は必然。
今日、同じ情報を二度聞いた。

memo

年　月　日

DAY 45

直感はかすかな感覚。
なんとなく選んだ物事が
きっかけで面白い体験をした。

memo

年　月　日　DAY 46

直感の賞味期限は短い。
ふと思ったことを
すぐやってみたらうまくいった。

memo

年　月　日

DAY 47

合図に気づく。
シンクロが起こる前の合図に
気づけるようになった。

memo

年　月　日　DAY 48

体験で確認していく。頻繁に起こる体験からシンクロがあると確信した。

memo

年　月　日

DAY 49

人生に偶然はない。
どんな出来事も必然で
大切な体験だと思い始めた。

memo

おわりに　すべてはあなたが幸せになることから始まる

「未来先取り日記」を49日間書き終わっていかがでしたか？

やっていただくのは、「ていねいになぞり書きをして、起こってほしいことを続けて書く」だけですが、手探りをしながらひとりで行うより、かなったことだけを報告しあえる仲間がいるほうが、楽しく続けてうまくいきやすくなります。

「うまくいったことを報告しあう場」がありますので、あなたも参加して体験を楽しみながらコツをつかんでいただけたらと思います。

カバーの著者紹介の下についているＱＲコード、またはhttps://www.facebook.com/groups/miraisakidoriからFacebookの未来先取りシェア部に参加して、うまくいったことだけを報告してみてくださいね。

この本が共著になったのは、ふたりがそれぞれ違う時期に、別々に、同じ体験をしていたからではないかと感じています。

真由美は数年前にあるビジョンを見ました。それは、ひとりの心の中に光が灯り、その光が、まるで静かな水面に落とされた1滴のしずくの波紋のように広がり、またたく間に地球全体を包む、という映像でした。そしてビジョンの後に出てきた言葉、それは「世界平和は簡単」というものでした。

ヒロミは起業してすぐに、ひとりの魂が光り輝くと、家族に自然と広がり、その家が息をのむほど美しいブルーの光を放ち始め、それが近隣の家へ、街へ国へ外国へと広がっていき、地球が青く光り輝くビジョンを見ました。そして、「自分が幸せになるだけで世界が平和になる」とわかり、このことを本に書こうと決意したのでした。

あなたが幸せになるとそれは周りに伝染していきます。カリフォルニア大学サンディエゴ校のファウラー博士とハーバード大学医学大学院のクリスタキス教授によって2008年に発表された論文によると、約20年間にわたって約47000人のデータを追跡調査した結果、幸せは3次の隔たりまで伝染するということがわかりました。例えば、あなたが幸せになることで、①あなたの妹　②妹のボーイフレンド

オンライン塾
未来先取り日記は
こちらから

③ボーイフレンドの母親まで、幸せが伝染するということなのです。

あなたが唯一できること、それはあなた自身が幸せになることです。まずはあなたの「世界」を愛や平和や希望や豊かさでいっぱいにしてください。それしかあなたにできることはないし、それだけで十分なのです。

あなたが幸せになることで、それはあなたの周りの人に、家族に、友人に、職場の人に、コミュニティーに、日本全国に、そして世界に広がっていきます。自分ひとりが変わるくらいで世の中は何も変わらないと私たちは思いがちですが、そんなことはありません。本当は、私たちひとりひとりの中に自分では信じられないくらいの大きな力があります。

あなたの「世界」はあなた自身が作っています。そして、いつでも自由に作り変えることができることを忘れないでください。

あなたの「世界」がいつも幸せで、そして平和でありますように……。

令和2年12月

山田　ヒロミ
濱田　真由美

未来《みらい》先取《さきど》り日記《にっき》

“朝3分書く”だけで、もうあなたは幸せになっている

2021年 1月31日　初版発行
2024年10月11日　9刷発行

著　者……山田《やまだ》ヒロミ
　　　　　濱田《はまだ》真由美《まゆみ》

発行者……塚田太郎

発行所……株式会社大和出版
東京都文京区音羽1-26-11　〒112-0013
電話　営業部03-5978-8121／編集部03-5978-8131
https://daiwashuppan.com

印刷所……誠宏印刷株式会社

製本所……株式会社積信堂

装幀者……山田知子(chichols)

ISBN978-4-8047-6363-7